Adolf Hausrath

Geschichte der alttestamentl. Literatur

in Aufsätzen

Adolf Hausrath

Geschichte der alttestamentl. Literatur
in Aufsätzen

ISBN/EAN: 9783743600638

Hergestellt in Europa, USA, Kanada, Australien, Japan

Cover: Foto ©ninafisch / pixelio.de

Weitere Bücher finden Sie auf **www.hansebooks.com**

Geschichte

der

alttestamentlichen Literatur

in

Aufsätzen

von

A. Hausrath.

Heidelberg.
Academische Verlagsbuchhandlung von J. C. B. Mohr.
1864.

Geschichte

der

alttestamentlichen Literatur

in

Aufsätzen

von

A. Hausrath.

———————————

Heidelberg.

Academische Verlagsbuchhandlung von J. C. B. Mohr.

1864.

Das vorliegende Schriftchen ist erwachsen aus Aufsätzen, die seiner Zeit im süddeutschen Wochenblatt veröffentlicht wurden. Als ich mit einigen Freunden den Plan zu einer derartigen Behandlung der alttestamentlichen Literatur faßte, hatten wir selbstverständlich weder die gelehrte Welt noch die Gemeinde im Auge, sondern den Leserkreis jenes Blattes, dem wir glaubten einen Dienst zu erweisen, indem wir über die Resultate der biblischen Kritik in populärer Form Rechenschaft zu geben versuchten. Es schien uns immermehr eine Abnormität, daß unsere gebildete Welt in römischer, griechischer und bald auch in persischer und indischer Literatur Bescheid wisse, während ihr die biblische Literatur ein zugeschlossenes Buch blieb. Daß das nicht an dem mangelnden Interesse für die Sache, sondern an der Art liegt, wie den Gebildeten die Bibel von den Theologen geboten wird, haben wir im Laufe jener Publicationen zur Genüge erfahren. Auf vielfache Aufforderung entschloß sich der Unterzeichnete, die Aufsätze auch gesammelt herauszugeben, und da das Ganze doch aus einer Hand sein sollte, wurden die früheren Partieen, die die fünf Bücher Mosis behandelten, von ihm in einem ersten Bogen ergänzt.

Der Verfasser weiß recht wohl, daß eine Reihe von Aufsätzen darum noch kein Buch ist, weil sie zusammen herausgegeben werden, und der Leser wird die Spuren der gelegentlichen, journalistischen Entstehung manchfach bemerken. Vor Allem war es bei den einleitenden Aufsätzen nicht mehr ganz zu verwischen, daß die ersten Unternehmer sich an die Textfolge halten wollten, während ich bald zur chronologischen Ordnung überging. Niemand hat dringender den Wunsch als ich, daß das Schriftchen bald durch ein besseres ersetzt werde, das den angestrebten Zweck vollkommener erreiche.

Daß für diese Artikel s. Z. die Arbeiten von Ewald, Hitzig, Meier u. s. w. so weit benützt worden sind, als der populäre Zweck derselben gestattete, ist selbstverständlich. In der Darstellung der allgemeinen Weltverhältnisse bin ich durchgängig dem trefflichen Werk von Max Dunker gefolgt, auf das ich für alle diese Partien verweise.

Nachdem ich zwei volle Jahre in dieser Sache unangefochten meinen Weg gewandelt war, hat es mich allerdings befremdet, daß einige kirchliche Blätter nach meiner Versetzung in die Kirchenbehörde nun plötzlich nachträglich die Entdeckung machen, daß diese Aufsätze „frivol“, „destruktiv“ und „blasirt“ gewesen seien. Für mich ist das kein Grund ihre Herausgabe zurückzuhalten, im Gegentheil liegt mir daran, denjenigen, die sich dafür interessiren, Gelegenheit zu eigenem Urtheil zu geben.

Karlsruhe, den 5. Juni 1864.

A. Hausrath.

Die heilige Ueberlieferung läßt den Stammvater des jüdischen Volkes auf seinen Wanderungen das ganze Gebiet durchmessen, auf dem im Lauf der Jahrhunderte die jüdische Geschichte sich abspielt. Ausgehend von den Ebenen Mesopotamiens, wandert Abraham südwärts bis nach Aegypten, um endlich bei Hebron im jüdischen Lande die letzte Ruhe zu finden. Das sind die Gebiete, auf denen auch die Geschichte sich bewegt, deren literärischen Theil wir hier erzählen.

In der weiten Ebene von Karrä, an der Grenze Armeniens, hatte Terah seine Heerden geweidet, in der grasreichen Steppe Mesopotamiens war sein Sohn Abraham weiter nach Süden gezogen, um von da westlich gegen Damaskus abzubiegen.

Die Länder und Völker, die an den Ufern des Euphrat und Tigris gelagert sind, haben vom Anfang bis zum Ende der Geschichte den gleichen Charakter beibehalten.

An den Ufern üppig und wohl angebaut ist das Land „zwischen den Strömen" baumloser. Wandernde Nomaden treiben ihre Heerden hindurch; Strauße, Trappen und Heerden wilder Esel sind die einzigen ständigen Bewohner. Erst hundert Meilen unterhalb der Stromquellen, wo die Flüsse wieder näher zusammentreten und durch regelmäßige Ueberschwemmungen das Land befruchten, wird der Boden fett und mastig und an die Stelle der unfruchtbaren Steppe tritt üppiger Wiesenwuchs, ergiebiges Bauland. Die ganze Landschaft den Strömen entlang bewohnten semitische Stämme, deren Sprachen sich nur dialektisch unterscheiden. Da wo das Flußgebiet am fruchtbarsten ist, weil die Ströme am nächsten zusammentreten, liegt der älteste Staat mit der Hauptstadt Babylon. Schlanke Palmenwälder heben sich reizend über die Ebene, Datteln und Getraide wachsen in seltener Fülle. Ein Reitervolk vom armenischen Hochland stammend, die Chaldäer, haben sich hier festgesetzt. Aus den an der Sonne getrockneten Ziegeln hatte man kolossale Bauten aufgeführt, die Stadt mit einer Riesenmauer umgeben, über die der gewaltige Tempel des Sonnengottes herüberragte, weithin sichtbar für die Bewohner der Steppe, die allerlei Sagen an den Thurm von Babel knüpften. Wegen seiner Ueppigkeit verrufen, wegen seines Reichthums beneidet, ist das Leben der Weltstadt der Mittelpunkt des damaligen Verkehrs. Von fernher kommen die Nomaden mit dem Ertrag der Steppe, bringen Vieh, Felle, Wein und Korn und holen dafür Tücher, Teppiche und Instrumente. Ihre Karavanen tragen die Waaren zur phönicischen Küste, ihre Schiffe wandern die Euphratstraße hinab zum persischen Meerbusen, ihre Reiterheere schwärmen durch die Ebene, weit und breit der Schrecken der Nachbarn.

Hier unter dem wolkenlosen Himmel, in den weiten Ebenen, die schutzlos dalagen unter der glühenden Sonne, ward das leuchtende Gestirn als strenger Gott verehrt; dagegen als milde Gottheit die feuchte Erde, die kühle Niederung, das Dunkel, das die Keime ausbrütet. Bel und Mylitta sind die beiden Gottheiten, von denen die eine auf gewaltigen Thürmen und Sternwarten, die andere in schattigen Hainen, an kühlen Teichen ihren Dienst verlangt, beide auf die gleiche sinnliche, geschlechtliche Weise.

An der Hand des Sonnendienstes hatte sich dann die Himmelskunde entwickelt und so ist das Land der Chaldäer die Heimath der Astronomen und Mathematiker, deren Methode des Rechnens, deren Maß und Gewicht sich auf dem Weg des Handels weiter verbreiteten. Für die Nachbarstaaten freilich tritt diese blühende Kultur sehr in den Hintergrund. Ihnen sind die Chaldäer das Reitervolk, das die Steppe durchschwärmt, denn die Beschaffenheit des Landes erlaubte nur diese Art der Kriegsführung, und sie blieb sich gleich, ob nun Assyrer und Skythen oder Chaldäer, Perser oder Parther die Herrschaft inne hatten.

Wie am untern Euphrat Babylon für die Chaldäer, so bildete am obern Theil des Stromgebiets Ninive, an den Ufern des Tigris, für die Assyrer den Rückhalt der Herrschaft. Die Stadtmauer Ninive's hatte einen Umkreis von 12 Meilen und es waren da, mit Nahum zu reden, mehr Kaufleute als Sterne am Himmel, Fürsten wie Heuschrecken und Hauptleute wie ein Grillenschwarm. An Luxus übertraf sie selbst Babylon. Ihre Bauten sind aus gelbem Kalkstein errichtet und die Wände bedeckt mit Bildern und Inschriften der Reichsgeschichte. Noch zeugt die Menge der aufgefundenen Reliefe, Marmorfiguren, Elfenbeinarbeiten und Luxusgegenstände von dem Reichthum und der Pracht, die einst hier herrschte. In faltigen Gewändern, mit der bekannten spitzen nach vorn gebogenen Mütze, mit reich gearbeiteten Waffen, umgeben von gewaltigem Hofstaat sehen wir die Vornehmen abgebildet in den Handtirungen des Friedens, während von ihrem Auftreten im Krieg die jüdischen Propheten ein treffliches Bild gezeichnet haben, wie sie über die Steppe herbrausen, festgegossen auf dem Pferd, den Gürtel fest um die Lende, den Bogen in der Faust, den Köcher an der Seite. (Jes. 5, 26) In Beidem, im Frieden und Krieg, entsprechen ihre Sitten den chaldäischen; auch die Religion ist der babylonischen ähnlich. Bel wird als Assarak, als Schutzgott Assyriens, verehrt und daneben Nisroch als Sonnengott und Liebesgott in einer Person. Doch wird von dem assyrischen Bergvolk kein so üppiger Kultus berichtet, wie von den

Chaldäern. Ihre Kultur ist wohl ein Zweig der babylonischen, aber in den Zusammenhang der hebräischen Geschichte tritt Assyrien früher als Babylon.

Eine ganz selbstständige, individuelle Kultur zeigt uns dagegen das südliche Nachbarland Aegypten, was mit der eigenthümlichen Abgeschlossenheit des Landes zusammenhängt. Aus der Gluthhitze der umliegenden Sandwüsten hatten sich wohl schon früh die umherstreifenden Stämme in die langgestreckte Oase geflüchtet, die zu beiden Ufern des Stroms sich ausbreitet und die der Nil durch seine jährlichen Ueberschwemmungen selbst pflügt, selbst düngt und selbst befruchtet. Das Land nährte die Ansiedler fast ohne Arbeit. Es galt nur während der Ueberschwemmung Heerden und Besitz vor den Wassern zu sichern; so lernte man weite Felsbauten auf der Höhe errichten, man lernte auf dem Wasser verkehren, durch Nilmesser die Zeit des Steigens und Sinkens bestimmen, die umgepflügten Grenzen durch neue Messungen wieder herstellen. Man lernte dann weiter die sumpfigen Stellen durch Dämme und Abzugskanäle trocknen, oder auf sandigen Stellen durch Schleußen das Wasser verzögern. Um die Todten vor dem wühlenden Nil zu sichern, höhlte man Felsgräber aus, und steuerte der Verwesung durch Balsamiren der Leichname. Die Heiligthümer im Innern der Berge gaben Schatten und Kühle, die höchsten Güter für die Nachbarn der Wüste — kurz, es hing die Kultur des Landes so innig mit den Naturverhältnissen zusammen, daß es uns nicht wundern darf, wenn selbst die Religion dieselben Naturerscheinungen wiederspiegelt. Das lechzende Land, das mit dem sinkenden Nil dahinsiecht, wenn der Wüstenwind seinen verheerenden Hauch herübersendet, kehrt wieder in dem Mythos von Isis, Osyris und Typhon, in dem die liebende Gattin lechzt nach der befruchtenden Umarmung des von Typhon getödteten Gottes. In bewußter Symbolik bilden die Priester diese Stromgeschichte nach und feiern ihre Epochen in Prozessionen und wichtigen Gebärden.

Der Mittelpunkt dieser düstern Religion war, wenigstens in der spätern Zeit, die Lehre von der Seelenwanderung, die sich gleichfalls im Einklang mit den umgebenden Naturanschauungen entwickelt hatte. Man sah den Strom in ewig gleichem Kreislauf kommen und gehen, man sah die Sterne dieselben Kreise beschreiben, Sommer und Winter nahen und scheiden, die Ufer abwelken, aufblühen und wieder abwelken, Ebbe und Fluth steigen und fallen und wieder steigen, so erzeugte sich der Glaube, mit dem Universum sei auch der Mensch in ähnlichem ewigen Kreislauf begriffen, sterbe nicht, sondern gehe nur über in einen andern Leib, um schließlich in die erste Wohnung zurückzukehren. So galt es denn durch Balsamirung, durch feste Hüllen, Sarkophage, Felsgräber und Pyramiden den Körper vor Zerfall zu sichern, damit nicht die Seele schließlich, der Wohnung beraubt, zu ewigem Wandern verdammt sei und der Lebende hatte keine wichtigere Pflicht als Festungen zu bauen zum einstigen Schutz seines

Leichnams. Weitläuftige, dunkle Felsen=Tempel, feste Gräber, heilige Thiere, furchtbare symbolische Götterbilder, strenge Kastentheilung, das Leben beherrscht vom Gedanken an den Tod, das ist die Signatur dieser ägyptischen Welt, die sich demgemäß selbstverständlich unter der Herrschaft der Priester beugte. Die Priester herrschten und da sie unmittelbar mit den Göttern verkehrten, in den dunkeln Tempeln zwischen den Riesenstatuen und unheimlichen Kolossen aus und eingingen, schaute das Volk zu ihnen, als zu höheren Wesen auf. Unter ihrer Obhut gediehen die Künste des Friedens, Kunst und Wissenschaft.

Das rege Schiffer= und Fischerleben auf dem Nil, die kunstfertige Industrie der Spinnereien und Webereien am Ufer, die Gewerbsthätigkeit in den Städten schauten die Juden mit Neid und die geheimnißkramende Weisheit und die wichtigen Gebärden der Priester sind mehr als einmal die Zielscheibe ihres Spottes und allezeit der Gegenstand ihres Hasses. (Jes. 19.)

Zwischen Aegypten und Babylon liegt denn weiterhin noch Arabien, mit seinen glühenden Sandebenen, kahlen Klippen und wenig bewässerten Senkungen. Die Söhne der Wüste haben sich im Laufe der Jahrtausende wenig geändert. In einzelnen Schaaren, die dem Aeltesten gehorchen, ziehen sie mit ihren Heerden von Weide zu Weide. Grausam und räuberisch im Krieg, gastfrei und verlässig am eigenen Heerd, sind sie unter den Semiten die ritterlichsten aber auch am wenigsten zu einer höheren Kultur geeignet. Ihre Gottheit suchten sie oben, wo der Donner rollt und die Sterne funkeln; Bilder derselben wurden nicht geduldet.

Ihnen nicht unähnlich hätten wir uns die Schaaren vorzustellen, die Abraham, der wandernde Aramäer, (2000 vor Chr.) nach Palästina führte. Die Nachrichten, die die Mosebücher enthalten, sind nun allerdings ihrer Mehrzahl nach einem Geschichtswerk entnommen, das erst unter David redigirt worden ist (vgl. S. 22.), allein es laufen auch ältere Aufzeichnungen mit unter und daß diese Nachrichten nicht bloß Sagen sind, die um ein Jahrtausend später erst entstanden, sondern zum großen Theil noch treue historische Erinnerungen enthalten, läßt sich unschwer nachweisen. Zunächst ist die früheste Erinnerung des Stammes, aus den Euphratländern eingewandert zu sein, vollkommen richtig, denn dorthin weist der Sagenschatz, den sie mitbringen.

So finden wir einen Theil ihrer Schöpfungs= und Fluthsage in Babylon. Berosus nämlich erzählt: Im Anfang deckte Wasser das Erdreich und da lebten die großen Ungeheuer und Dunkel lag über der Erde, da schnitt Gott Bel das Dunkel mitten entzwei und machte aus dem Untern die Erde, aus dem Obern den Himmel und den Mond und die Sterne und die Wandelsterne, da verschwanden die Ungeheuer, weil sie das Licht nicht ertrugen.

Es folgt dann der Urzustand der Menschen, die durch einen

heiligen Fischmenschen in den nützlichen Künsten unterrichtet werden und eine Zeit von 10 Patriarchen. Unter dem zehnten, Xisuthrus, erscheint nächtlicher Weile der Gott Bel und heißt ihn einen Kasten bauen, weil eine große Fluth bevorstehe. Die Ueberschwemmung kommt auch und ersäuft groß und klein, nur Xisuthrus in seinem Kasten schwimmt oben auf. Als das Wasser zu sinken schien, ließ Xisuthrus einen Vogel fliegen, allein er kehrte zurück, weil er keine Nahrung fand. Ein zweiter kehrt gleichfalls zurück, aber mit Schlamm an den Füßen. Bald darauf stieß der Kasten auf den gordyäischen Bergen in Armenien auf, da stieg Xisuthrus mit Frau und Kind und Steuermann aus und baute Gott Bel einen Altar, ward aber sofort wegen seiner Frömmigkeit in den Himmel entrückt. Daß dies nur eine andere Version der Geschichte Noah's sei, bedarf wohl keines weiteren Beweises. Ebenso knüpft sich die Sage von der Sprach-verwirrung an den Thurmbau zu Babel, d. h. an den großen Belus-tempel, der weithinaus in die Ebene ragte und den umliegenden No-maden Anhaltspunkt ihrer Erzählungen ward. Selbst die Geschichte vom gewaltigen Jäger Nimrod will man auf ein großes Jägerbild an der Stadtmauer Babels zurückführen. Andere Bruchstücke der he-bräischen Sage finden wir dann weiter im Norden bei den Parsen wieder. Im Avesta haben wir den Garten der Anmuth, den Lebens-baum Hom, die Schlange Agramainyus und Meschia und Meschiane, die von Ariman zum Genuß schädlicher Früchte verleitet werden und damit die Glückseligkeit verlieren.

In diesen Analogieen liegt sicher die ausreichende Probe für die Treue auch dieser ältesten Erinnerung, daß die Heimath des jüdischen Stam-mes am obern Euphrat gewesen. Dabei verdient es alle Bewun-derung, wie maaßvoll, poetisch und tief religiös die Hebräer jenen gemeinsamen Sagenstoff ausbildeten, den wir bei den übrigen Theil-nehmern nur in bizarren Verzerrungen wiederfinden. Es ist das erste kindliche Lallen des hebräischen Geistes, das uns hier entgegentritt, aber selbst in dieser Kindlichkeit offenbart er den ganzen Reichthum und die ganze Tiefe des Volkes, das die Sendung hat der Welt das Göttliche zu offenbaren.

Wir haben keinen Grund die Geschichte der Patriarchen bis zur ägyptischen Knechtschaft hin in ihren Grundzügen nach für mythisch zu erklären. Im Wesentlichen mag die Familiengeschichte Abrahams, Isaaks und Jakobs sich wirklich so zugetragen haben, aber bis der Stoff durch der Hände lange Kette endlich an den gekommen war, der ihn schrift-lich firirte, war er doch so sehr umgeformt und waren so viele Be-ziehungen hereingetragen, daß die Bilder der Väter unvermerkt zu Typen vorliegender Verhältnisse geworden waren. Der Stoff ist historisch, aber die Form poetisch.

Zunächst hat es der Sage gefallen, aus allen Personen der Pa-triarchengeschichte zugleich Stammväter der vorhandenen Völker zu machen, als ob erst von ihnen aus die Menschheit erwachsen sei.

Abraham selbst ist in direkter Linie der Stammvater der Hebräer, durch den Sohn Hagar's der Stammvater der Ismaeliten, durch eine zweite Gattin Stammvater der sämmtlichen arabischen Stämme und durch seinen Enkel Esau noch außerdem Stammvater der Edomiten. Die Charaktere dieser verschiedenen Söhne sind aber durchaus nach dem Typus ihrer Abkömmlinge geformt und die ganze Familiengeschichte eigentlich nur ein Reflex der Stammverhältnisse einer weit spätern Zeit. Je nach dem größern oder geringeren Haß gegen diese Nachbarvölker hat sich denn die Erzählung im Einzelnen gestaltet. Da sind die Kanaaniten, schon darum verflucht, weil sie abstammen von Ham, der mit dem Fluche Noahs belastet ist; da ist Moab („vom Vater" — hat ihn die Tochter geboren —) und Ammon, die Lot in Blutschande mit seinen Töchtern erzeugt, da sind die Ismaeliten, die Wüstenaraber, deren Stammvater die Mutter unter dem Herzen trug, als sie flüchtig in der Wüste war, von dem der Engel geweissagt: Er wird ein Mensch wie ein wilder Esel sein, seine Hand gegen Alle und Aller Hand gegen ihn. Da sind die Edomiten, nah genug den Israeliten verwandt, aber um ein Linsengericht hat Esau sein Erstgeburtsrecht an Israel verkauft, so daß sie von Rechtswegen zu Knechten bestimmt sind. Aber nicht nur diese Nebenfiguren der Patriarchengeschichte sind zugleich zu Typen der Nachbarvölker umgestaltet worden, sondern die Patriarchen selbst wurden in solch typisirender Weise gezeichnet. Abraham war ursprünglich der „hohe Vater" Abram, seit ihn aber Gott zum Vater eines Haufens von Völkern bestimmt hat, ist er „Abraham", der Vater der Menge, geworden, und sein Weib Saraj, die Kämpferin, wird zur „Sarah", der Fürstin. Durch ihn ist das Volk in Besitz des heiligen Landes eingesetzt. Der semitische Brauch der Beschneidung wird eigens auf einen feierlichen Bund zwischen Abraham und Jehova zurückgeführt, wobei die spätere Idee eines Bundesvertrags zwischen Gott und Israel die Farben leiht. Abraham durchzieht Palästina nach seiner Länge und Breite, um es feierlich für sein Volk in Besitz zu nehmen, wie es ihm Gott gegeben hat, und mit großem Nachdruck wird erzählt, wie er um sein gutes Geld sich sein Grab bei Mamre gekauft habe und damit seinen Kindern das Heimathsrecht in dem gelobten Lande erworben. Sein Leben hat vor Allem die Bedeutung, daß er den Rechtsanspruch Israels auf Palästina begründet.

Sein Sohn hat den seltsamen Namen „man lacht", Isaak. Es ist lächerlich, daß seine Geburt verheißen wird, als Sarah bereits alt und welk war, es ist lächerlich, daß er geboren wird, und er selbst ist lächerlich für seinen Halbbruder, — vor, bei und nach seiner Geburt wird er verlacht, aber schließlich behauptet er doch das Feld. Nicht umsonst hat die Sage ihm diesen Namen gegeben und dabei acht mal des Gelächters gedacht, das er veranlaßte, vielmehr soll er sein Volk darstellen in seinem hoffnungslosen und verlachten Zustand, so wie Abraham es darstellt als Volk der Verheißung, das die Welt

besitzen wird. Jakob endlich, der Jüngste der drei, heißt der Ueber-
lister, der Fersenhalter und als solchen hat ihn die Sage gezeichnet,
wie er schon bei der Geburt den Bruder um seine Erstgeburt neidet,
wie er später den Hungrigen überlistet, ihn beim Tod des Vaters
um den Segen betrügt, den eigenen Schwiegervater prellt, und in
Ränken und Schlichen wohl bewandert ist. Auch in ihm kommt
eine Seite des Volkes zum poetischen Ausdruck und gerade er ist der
unmittelbare Stammvater desselben und da dieses sich später in 12
Stämme gegliedert vorfand, so wurden die Väter dieser Stämme
als Söhne Jakobs gedacht.

Die geheimen Gedanken eines Volkes offenbaren sich am deut-
lichsten in der Art, wie sie ihre Stammheroen ausmalen. So haben
sich die Griechen im Achill, die Römer sich in Romulus idealisirt
und so haben die Hebräer in ihren Patriarchengestalten die Geheimnisse ihrer Brust ausgesprochen. Diese Gestalten zeigen uns, wie
sehr das Volk darauf angelegt war, ahnungsvoll vorzuempfinden, was
göttlich und erhaben sei und wie es das offenste Auge hatte für
das Walten der Vorsehung und den unmittelbaren Verkehr mit Gott.
Die eigentliche Mission des Volkes ist in diesen Gestalten vorbildlich gezeichnet. Aber auch die andern Eigenschaften des Juden-
thums fehlen nicht. Den Juden hat von jeher Sinn für menschliche Ehre gefehlt. Die Art schon, wie Abraham sein eigen Weib
Preis gibt, um sein Leben zu retten, der Handelsgeist, mit dem
er um Sodom feilscht, und Gott von fünfzig Gerechten auf zehn
herunterbietet, die Feigheit, mit der Jakob sich vor seinem Bruder
demüthigt, die Ränke, mit denen er seine Nächsten betrügt, das Alles
verräth die geheimen Ideale der jüdischen Seele, die überall groß sind,
wo es sich um den Himmel und meistens kleinlich, wo es sich um
die Erde handelt.

Unsere Quellen erzählen dann weiter die Geschichte der Ein-
wanderung Israels in Aegypten als die persönliche Geschichte Josefs,
des Sohnes Jakobs. Nach den ägyptischen, griechischen und den spätern jüdischen Nachrichten steht diese Geschichte mit der Okkupation
Aegyptens durch die Hyksos in Zusammenhang, nach deren Vertreibung
man den Israeliten das Land Gosen zuwies, damit sie eine Art von
Militärgränze gegen die Ausgetriebenen bilden sollten. Die poe-
tisch-epische Art, mit der die mosaischen Urkunden solche großen geschichtlichen Aktionen in Familienereignisse wandeln, ist für die noch
ganz kindliche Auffassung des jungen Volkes durchaus bezeichnend.
In ähnlich individualisirendem Sinn leitet die Urkunde die alte ägyptische Einrichtung, daß der Bauer nur Erbpächter seines Bodens ist,
von einer Finanzmanipulation desselben Josef ab. In der That
konnte die jährliche Ueberschwemmung des Landes nur regulirt werden durch den Staat; der Einzelne war ihr gegenüber ohnmächtig.
Da nun jährlich auf's Neue die Grenzen bestimmt werden mußten,
so war es fast unausbleiblich, daß der Einzelne zum Erbpächter seines
Grundstücks herabsank. Herodot macht Sesostris zum Urheber dieser

Einrichtuug und will man sie von einem Einzelnen ableiten, so ist kein Grund das jüngere griechische Zeugniß vorzuziehen.

Aus welchen Materialien jener erste Erzähler, von dem wir unten noch werden zu reden haben, seine Nachrichten zusammengetragen habe, das läßt sich einigermaßen wenigstens an der Geschichte Mose's kontroliren, die im Texte folgt.

Nicht nur finden wir unmittelbare Produkte des großen Gesetzgebers, die beiden Tafeln mit dem Dekalog und ihre sehr ursprünglichen Erläuterungen, wie einzelne Gesangstücke und Bruchstücke von Liedern, die wir ihm selbst zutheilen dürfen, sondern es sind in den Text zugleich auch unmittelbare Aufzeichnungen aus den Wanderzügen des Volkes mit dem Verzeichniß der Lagerstätten (Num. 33, 1—49, Deut. 10, 6 f., Deut. 2, 13 f.) verwebt.

Schon in der ältesten Schrift begegnen wir denn auch Bruchstücken einer noch ältern umfassenden Darstellung, wie der über die Wüstenwanderung (Exob. 13, 17 f., Num. 20, 14—22; 21, 12—35), über die persönlichen Verhältnisse Mose's (Er. 18), über die Gesetzgebung (Er. 15, 25) und manchem Andern, was offenbar ursprünglicher und richtiger ist. Ueber ihre Darstellung hinweg haben denn drei weitere Erzähler, aus weiteren, meist jüngeren Quellen diese Dinge bearbeitet; eine Arbeit, deren Resultat unser Mose-Josua-Buch ist. (Vgl. S. 22.) Daß demgemäß unsere jetzigen Berichte den Ereignissen sehr ferne stehen, läßt sich nicht läugnen. Es ließe sich ja auch sonst nicht begreifen, wie das Andenken an die gewöhnlichsten Ereignisse, wie an das Manna, die Rebhühnerschwärme, die Quellen, die Wachtfeuer und dergleichen eine so mythische Gestalt gewonnen haben soll, allein wer darum verzweifeln wollte, aus den gegenwärtigen Berichten den ursprünglichen Thatbestand zu erkennen, der würde sich einer sehr voreiligen Verzweiflung hingeben. Wenn man von dem Pragmatismus der Erzählung absieht, der allezeit dem Historiker angehört, und außerdem die mythischen Ausschmückungen orientalischer Phantasie abzieht, so erhalten wir eine Reihe durchaus glaublicher Thatsachen, die zwischen dem, was war und dem was wurde den kürzesten und allein möglichen Entwicklungsgang zeichnen. Der Pragmatismus der Alten rechnet freilich eben so gern mit persönlichen Faktoren und dem unmittelbaren Eingreifen Gottes, als wir mit allgemeinen historischen Verhältnissen und mit Ideen rechnen. Davon läßt sich absehen und eben so von der Neigung, die unverstandenen Naturereignisse als Wunder aufzufassen. Dann möchte sich als historischer Kern jener Darstellung Folgendes ergeben. Der Stamm, den die Aegypter zum Schutz der bedrohten Grenze angesiedelt hatten, folgte seinen eigenen Bräuchen und konnte sich dem ägyptischen Leben nicht anbequemen. Er gehörte für die Eingeborenen zu den „verkehrten und unreinen Geschlechtern der Fremden" und war als Hirtenvolk sogar der untersten und unreinsten Kaste zuzuzählen. Als die ursprüngliche Bestimmung der Colonie mit der Zeit ihre Bedeutung verloren hatte, verwendete man sie zum Frohndienste bei dem Bau der Städte Pithom (Thu) und Ramses und bei jenen kolossalen Bauten, deren Inschriften noch heute triumphirend verkünden, daß kein Aegypter an ihnen gebaut habe. Das freie Nomadenvolk ward dieses Frohndienstes bald überdrüssig; die alte Heimath, in der es vordem seine Heerden geweidet, erschien ihm als das gesegnete Land, da Milch und Honig fließt, dorthin wollten sie zurückkehren: allein die Aegypter wollten ihre Arbeitskraft nicht entbehren und widersetzten sich dem Abzug.

Da schlug sich ein in der Weisheit ägyptischer Priester aufgezogener Jude, Mose, der zur königlichen Familie eine persönliche Stellung hatte, auf ihre Seite und verlangte für sein Volk freien Abzug. Der pfäffische Widerstand der Priester schreckte ihn nicht, da er ihre Künste aus eigener Erfahrung kannte. Dazu kam die Natur rechtzeitig mit den bekannten ägyptischen Landplagen zu Hülfe. Steigt der Nil zu schnell, so bekommt er durch die rothe Mergelerde ein blutrothes Ansehen und wird zum Trinken ungenießbar, was bei den mangelnden Brunnen kein geringes Uebel ist. Der allzugroßen Ueberschwemmung folgt das Ueberhandnehmen von Ungeziefer aller Art, Viehsterben und Seuchen. Daneben wird das Land von Zeit zu Zeit von der Heuschreckennoth heimgesucht oder der Sandsturm Chamsin verwandelt den Tag zur Nacht und währt oft bis zum vierten Abend. Mose erklärte die sich häufenden Plagen, im Geist der Zeit, für Strafen Gottes bis der mürb gewordene König Pharao Menephta (1328—1309) seine Zustimmung zum Abzug der Juden gab. Bald bereute er aber seine Erlaubniß und setzte ihnen nach, als sie eben die Niederungen zwischen den Salzseen und dem rothen Meer passirt hatten. Unvorsichtig drängte er hinter ihnen her, — da überaschte ihn die Fluth und da obendrein der Wind sich drehte und das Wasser landeinwärts trieb, ging König und Heer elend zu Grunde.

Das Volk, das nun in einem langjährigen Nomadenleben von dem ehemaligen ägyptischen Priester organisirt ward, hatte die Anfänge seiner Bildung in Aegypten empfangen, denn da war es zum erstenmal in einen Kulturstaat eingetreten und nicht wenige seiner Einrichtungen, Bräuche und Kunstformen waren den Aegyptern entlehnt. Die Urkunden erzählen das in ihrer personificirenden Weise, als ob das Volk die Geräthe und Kleider selbst den Feinden entliehen und dann nicht zurückgegeben hätte. Auch das gehört zu dem noch ganz kindlichen Pragmatismus unserer Quellen, der weder so thörichte Angriffe, noch so abgeschmackte Vertheidigungen hätte hervorrufen sollen. Einen Einfluß der greisen ägyptischen Kultur auf die unerzogene Nomadenhorde dürften wir auch ohne nachweisbare Spuren als nothwendig annehmen. Solche Spuren finden sich aber. Aegyptische Worte bürgerten sich im Hebräischen ein, die erste hebräische Buchstabenschrift war eine Anwendung der ägyptischen Bilderschrift auf die hebräische Sprache und auch abgesehen von jener Erzählung sind Spuren davon vorhanden, daß die technischen Fertigkeiten der Israeliten der ägyptischen Schule entstammten. Auch Vieles, was

Mose selbst in die Ordnungen des neuen Volkes aufnahm, stammt gleichfalls dorther. Das religiöse Gebiet ist davon keineswegs ausgenommen. Nicht den Mnevisstier, dessen goldenes Bild in der Wüste angefertigt wurde, oder das Schlangenbild des Kneph, das man später auf Mose selbst zurückführte, meinen wir, wohl aber hat der neue Religionsstifter seine Gebräuche dem Muster seiner ägyptischen Lehrer in Manchem nachgebildet. Das Stammheiligthum der Bundeslade, die Ordnung und Prärogative des Priesterthums, ihre Auszeichnungen und Pflichten, die üblichen Reinigungen und Speisegebote, die Behandlung unreiner Zustände und die Unterscheidung reiner und unreiner Dinge haben auch noch in der spätern Form, wie sie uns berichtet werden, unverkennbare Verwandtschaft mit den ägyptischen Bräuchen, aber sie alle sind untergeordnet und dienstbar geworden einem Grundgedanken, der allerdings durchaus originell und ursprünglich dem ägyptischen Wesen gegenübersteht. Dieser originale Gegensatz gegen Alles seither Dagewesene liegt ausgesprochen in dem mit so großem Nachdruck hervorgehobenen Gebot: Du sollst keine andern Götter haben vor meinem Angesichte. Du sollst dir kein Bildniß noch irgend ein Gleichniß machen, weder deß was oben im Himmel, noch unten auf Erden, was im Wasser und unter der Erde ist. Du sollst sie nicht anbeten, noch dich dazu bringen lassen ihnen zu dienen; denn ich Jehova, dein Gott, bin ein eifriger Gott, ahndend das Vergehen der Väter an den Söhnen, am dritten und vierten Geschlechte derer, die mich hassen, aber Gnade übend an Tausenden derer, die mich lieben, und meine Gebote beobachten.

In je schrofferem Gegensatz dieses monotheistische Gebot zu dem bunten ägyptischen Götterhimmel steht, um so sicherer ist anzunehmen, daß hier die treibende Ursache der neuen Religionsstiftung zu suchen war. Ohne den Gebrauch von Götterbildern waren die Juden nach Aegypten gekommen und die furchtbare ägyptische Götzenwelt konnte nur abschreckend auf sie wirken. Mose vollends, der die ägyptische Weisheit selbst kannte, suchte in der Versinnbildlichung des Göttlichen den Verderb aller Religion. Eine Reihe von erhabenen Naturvorstellungen, die Gewalten oben im Himmel, unten auf Erden, im Wasser und unter der Erde, sah er eingekleidet in zum Theil höchst fratzenhafte und widerliche Symbole, und für den Priester wenigstens mußte die Incongruenz des Symbols mit der Wahrheit, die es ausdrücken sollte, auf der Hand liegen und noch mehr der krasse Mißbrauch, den das Volk mit dem Symbole trieb. So verbot er jedes Bildniß und Gleichniß der sinnlichen und übersinnlichen Dinge und es ist wohl kein Zweifel, daß dem in die ägyptische Priesterweisheit Eingeweihten, dabei die Bilder des affenköpfigen Thot und des hundsköpfigen Anubis als warnende Exempel vor Augen standen.

Indessen dürfen wir uns die Gottesvorstellung Mose nicht als monotheistisch in unserm Sinn denken. Der Monotheismus ist nicht der Anfang sondern das Resultat der jüdischen Geschichte. Der Gott Mose's ist unter den Göttern nur der Erhabenste. „Wer ist wie

Du, Jehova, unter den Göttern?" ruft Mose in seinem Siegespsalm. Er ist nicht absolut in unserem Sinn, sondern an einen Raum gebunden. Mose steigt hinauf zu Gott (Exod. 19) und Gott steigt herab auf die Spitze des Berges, wenn Beide verkehren sollen. Ebenso sagt er zu Abraham: „Es ist ein Geschrei vor mich gekommen über Sodom, drum will ich hinabfahren und sehen, ob sie Alles gethan haben nach dem Geschrei, das vor mich gekommen ist, oder ob's nicht so sei, daß ich's wisse." Auch ist Jehova keineswegs unkörperlich. Er geht einher in der Kühle im Garten und die Kühle ist ihm angenehm. Er sucht, wo Adam sei, und ruft ihm, wo bist du? Sein Körper ist dem Menschen ähnlich, denn der Mensch ist nach seinem Bilde geschaffen und er hat Angesicht und Rücken. „Tritt hinter den Felsen, sagt er zu Mose, bis ich vorbei bin, von vornen kann mich Niemand schauen, ohne zu sterben, wenn ich aber vorbei bin, so schaue mir nach und siehe meinen Rücken." (2. Mos. 33, 25).

Es ist wohl um so mehr erlaubt, aus diesen spätern Stellen auch auf Mosis Gottesvorstellung einen Rückschluß zu machen, als der Psalm Mose's und der Dekalog wesentlich damit stimmen. Dieselbe war demgemäß nicht die einer abstrakten Einheit und Absolutheit, aber, und das ist wesentlich, Gott wurde doch vorgestellt als der Ewige, der da ist für und für, als Jehova (Jahve) d. h. als „der da sein wird", er wurde vorgestellt als der einzig berechtigte, der keine andern Götter neben sich duldet und als der heilige, dem die Sünde ein Gräuel ist. Noch kostete es schwere, blutige Kämpfe, seinen Kult gegen den Thier- und Gestirndienst durchzusetzen, und es gelang das erst vollständig, als das Volk im Kampf mit den götzendienerischen Feinden sich seines Jehovadienstes als eines Vorzuges bewußt ward. Die Geschichte dieser Kämpfe zu verfolgen, ist hier nicht der Ort. Wenden wir uns vielmehr der literarischen Frage zu.

Wenn wir einzelne der Sprache und dem Geiste nach uralte Stücke auf Mose selbst zurückführen dürfen, so gehört dahin vor Allem das große Siegeslied, in dem der Untergang Pharao's gefeiert wird. Das Lied begnügte sich damals noch mit dem einfachsten Ausdruck des Gedankens. Als Probe führen wir das Lied über die Wasserspende, Num. 21,17, an, das schlicht und einfach lautet:

„Herauf, Brunnen! Singet ihm entgegen! Brunnen, den Fürsten gruben, den die Edlen des Volkes höhlten mit dem Scepter und ihren Stäben." Das ist das ganze Lied. Beide Stücke und ebenso Num. 21,27 erinnern an die heutige Beduinenpoesie, die nur dadurch zum Lied wird, daß man sie singt. Außerdem führen die Urkunden den alten Segensspruch „der Herr segne dich und behüte dich" auf Mose selbst zurück und seine markige und kurze Fassung erinnert allerdings an die Art der zehn Gebote. Das aber ist wohl kaum einem Zweifel unterworfen, daß diese ihm angehören. Zweimal (Exod. 20 und Deut. 5) erscheinen sie an der Spitze der Gesetzgebung und werden beidemal als die ursprüngliche hochheilige Gesetzesgrundlage hervorgehoben. Eigenthümlich und alterthümlich ist nicht blos ihre Sprache, sonbern der Inhalt selbst, der nur erst in den gröbsten Umrissen das Gebiet des Sittlichen umschreibt und darum eben nur für ein Wandervolk, wie es Israel damals war, als Gesetz ausreichen konnte. Dazu kommt die positive Nachricht, daß Mose dieses Gesetz in zwei Tafeln aufge=stellt habe, und nun theilt sich bekanntlich, wie zur Bestätigung jener Ueberlieferung, der Inhalt wirklich in zwei Gruppen ab. Wo sich aber der eine Theil einer Ueberlieferung aus inneren Gründen als wahr ausweist, haben wir kein Recht dem andern Theil ohne ent=schiedene Zweifelsgründe den Glauben zu versagen.

Weit schwieriger freilich ist die andere Frage, wie viel aus dem übrigen Gesetzesvorrath auf Mose selbst zurückzuführen sei. Nur jene schon erwähnten Bruchstücke einer ersten Erzählung haben noch die richtige Erinnerung, daß dieser ganze Gesetzesapparat nicht an einem Ort (dem Sinai) allein zu Stande gekommen sei, sondern daß überhaupt nur ein Theil desselben im Laufe der Wanderungen entstand, als juristischer Ausdruck der gemachten Erfahrungen. Allein der eigenthümliche Pragmatismus unserer Quellen, liebt es, Alles persönlich und anekdotisch aufzufassen und so ist allmählig die ganze jüdische Gesetzessammlung bis herab zu den Stadt= und Königsrechten bereits Mose zugetheilt worden, wiewohl dieser weder für Städte noch für Könige zu sorgen hatte. Vielmehr bleibt es immer gefährlich, irgend ein Gesetz auf Mose zurückzuführen, wenn dasselbe bereits seßhafte Verhältnisse im Auge hat, die Anzahl derer aber, die die damalige Lage der Dinge zur Voraussetzung haben, ist eine äußerst bescheidene.

Was endlich die Dauer des Wüstenzugs selbst betrifft, so sind die angeblichen vierzig Jahre wohl entstanden aus dem Bestreben, die vergessene Geschichtsperiode durch eine runde Zahl zu begränzen. Nach Bunsens Rechnung fand der Auszug statt 1320 vor Christus; die Eroberung des Ostjordanlandes begann 1317 und Mose starb 1299 im zweiundzwanzigsten Jahr nach dem Aus=zug aus Aegypten. Daß er gestorben, ohne zum Ziel seiner Wünsche zu kommen, erschien seinem Volke nachmals als eine dunkle Schickung, und die älteren Quellen wußten von einer Schuld Mose's, die Gott so streng heimsuchte, die aber die Jüngeren aus Ehrfurcht nur noch anzudeuten wagen. (4 Mose 20, 11—13, 5 Mos. 3, 25—26)

An dem einsamen Berge, der im Süden den Horizont Juda's abschließt, sucht die spätere Sage das Grab des Propheten. Und Mose, so schließt unser fünftes Buch, stieg von den Ebenen Moabs auf den Berg Nebo, den Gipfel des Pisga, der Jericho gegenüber liegt, und Jehova ließ ihn das ganze Land schauen. Und Jehova sprach zu ihm: Das ist das Land, das ich Abraham, Isaak und Jakob geschworen. Ich lasse es dich schauen mit deinen Augen aber hinüber sollst du nicht kommen. Also starb Mose, der Knecht Jehovas, im Lande Moab. Und der Herr begrub ihn im Lande Moab, Baal Peor gegenüber, und kein Mensch weiß sein Grab bis auf diesen Tag.

Das gelobte Land und seine vorjüdischen Bewohner.

Bis an die Gränzen Palästinas hatte Mose sein Volk geführt, als er abgerufen ward. Vor ihm lag das Land ausgebreitet, auf dem unsere weitere Geschichte sich abspielt und unter dessen Himmel die Literatur erwuchs, von der wir hier handeln. Zum Verständniß des Kommenden ist Eines vor Allem nöthig, daß wir uns hinein= versetzen in die betreffenden geographischen und ethnographischen Ver= hältnisse, die uns, dank der emsigen Wissenschaft dieser Tage, ziemlich plan vorliegen. Durchwandern wir im Geschwindschritt, an der Hand der nächsten besten Geschichte des Alterthums, diese Gebiete.*)

Vom Euphrat östlich erhebt sich ganz allmälig das Terrain zu einer Hochebene, die langsam ansteigend dennoch die Schneelinie mit ihren Bergen erreicht und gegen das mittelländische Meer schroff und steil abfällt. Da wo das Plateau seine höchste Erhebung erlangt hat, wird es durch drei Flüsse in zwei Hälften auseinander gesägt. Der Orontes hat ein breites Thal im Norden ausgewaschen, indem er nördlich Antiochien zufließt, nach Süden zu versieht dasselbe Geschäft der nahe daran entspringende Leontes und wie er gegen Tyrus abbiegt und dem Meer zuströmt, da entspringt der Jordan und setzt die Kluft fort bis an's todte Meer. Diese Höh= lung heißt ursprünglich den Griechen Hohlsyrien, (Coelesyria), ein Name der sich dann nördlich localisirte. Auf dem Sattel des Thales zwischen der Orontes und Leontesquelle liegt Baalbeck (Heliopolis.) Die westlichen höchsten Gipfel dieser Erhebung sind der Libanon, Gebirg Naphtali, Gebirg Ephraim, Gebirg Juda. Auf der Ostseite Antilibanon, Hermon, Gebirg Gilead, Gebirg Moab. Der Jordan fällt zuerst in raschem Lauf eines Gebirgswassers in den See Merom herab, der von den Abflüssen der umliegenden Schneeberge gebildet wird. Dann eilt er dem Tiberiassee zu, der reizend zwischen den gelben Kalkbergen mit seinen tiefblauen Wassern da liegt, umbüscht von rothblühenden Oleandern und dunkeln Cypressenwäldern, während der Hermon mit seiner Schneekuppe von fern herüber schaut. An den Ufern entspringen warme Quellen und, da der See bereits 700 Fuß unter dem Meeresspiegel liegt, so ist die Hitze auch früh im Jahre schon so groß, daß das Wasser selbst des Nachts wie lauwarm ist. Von hier eilt der Jordan in vielfach gewundenem Laufe dem Meere zu. Er wird jedoch kaum größer. Die Verdun= stung zwischen den glühenden Felswänden ist zu groß. In den der Sonne minder zugänglichen Seitenspalten ist das Gebirg mit dichtem Waldwuchs angefüllt, in dem wilde Eber und Panther hausen. Die Stromfahrt ist gefährlich wegen der Katarrakte. Gegen das todte Meer hin weitert sich das Thal, die tiefe Thalsoole, die tropische Hitze hat hier das Land zum Garten umgeschaffen. Es trägt das Land 10 Monate des Jahres Trauben, Feigen und Datteln. Hier

---

*) Dunker Geschichte des Alterthums. Bb. 1.

liegt die Palmenstadt Jericho, wo die Rosen von Jericho, Balsam, Feigen und Oelbäume wachsen. Hier fließt der Bach Krith. Im todten Meer verschwindet dann der Jordan. Das todte Meer ist ein schmaler Felsenkessel, zwischen den Basaltfelsen, dessen Wasserspiegel 1300 Fuß unter dem Meeresniveau liegt. Die Bergflächen sind rauh und kahl, die Thäler schmale und tiefe Risse. Schwefelquellen und Asphaltablagerungen weisen auf den vulkanischen Ursprung hin. Das Land ist weit umher versalzen, das Wasser Salzsoole, in der sich nichts mehr löst. Das Becken selbst ist vulkanischen Ursprungs und ca. 10 deutsche Meilen lang und 2 Meilen breit (2 mal so groß als der Bodensee). Obgleich außer dem Jordan noch ein Dutzend Bäche hereinfallen, ist die Wassermenge dennoch in langsamer Abnahme begriffen. An der Nordseite steht ein Salzfelsen von 43 Fuß, es ist die Frau des Lot, wie die Bewohner berichten. Das Ostjordanland ist im Ganzen unfruchtbarer. Der Antilibanon steigt mit nakten, wilden und zerrissenen Felskämmen an bis zu 11000 Fuß. Der Rücken der Berge zeigt zunächst grüne Triften, die von Eichenwäldern beschattet werden. Aber weiter nach Osten werden die Höhen öde und kahl, bis das Land nach seiner Abflachung nach dem Euphrat hin allmälig den Charakter der Wüste annimmt, welche nur durch die Oasen von Tadmor (Palmyra) und Damaskus unterbrochen werden. Ganz anders das Land an der Küste hin. Es ist heiß, feucht, fruchtbar und wenig gesund. Aber an den Teraassen des Libanon wird die Luft reiner und kühler. Abhänge mit Myrten und Oleander, mit Pinien, Feigenbäumen und Maulbeerbaumen besetzt, wechseln mit Weinpflanzungen; auf dem breiten Rücken der höheren Bergzüge erheben sich stattliche Waldungen von Tamarioken, Platanen, Cypressen und Nußbaumen, vor allem aber mächtige Cedern. Vor dem höchsten Felsenkamm liegen grüne Abhänge, auf denen zahlreiche Heerden von schwarzen Ziegen weiden, beunruhigt von Schakals, Bären und Löwen, welche in den öden Schluchten hausen. Ueber den grünen Weiden und Wäldern, den wohlbestellten und gut bewässerten Aeckern, gibt dieser Felsenkamm mit seinem weißen Mantel den Anblick einer Alpenlandschaft über beständigem Frühling. Südwärts vom Karmel sinkt die Höhe der Berge, welche nun weniger schroff und pittoresk aufsteigen. Die Küste wird breiter aber sandiger, flacher und ärmer an Häfen. An die Stelle der steilen Bergketten tritt eine breite grasreiche Hochebene (Galiläa, Esdraelon), die nur von dem einzigen Berggipfel Tabor überragt wird. Samaria dagegen ist ein waldreicher Landstrich paralleler laufender Thäler, während die Landschaft in Judäa nur strenge und einfache Bilder zeigt. Auf weiten Hochebenen, mit spärlichem Gras bewachsen, erheben sich nur einzelne Büsche von fahlen Oelbäumen oder durchsichtige Gruppen weniger Palmen. Die Rasenflächen haben steppenartigen Angern Platz gemacht und selbst die Soole des Thals bedeckt sich nur während der Regenzeit mit frischem Grün. Ihr Berge von

Gilboa, heißt es in Davids Lied, nicht Thau noch Regen sei auf euch! Dann abwärts dem Meere zu wird die Gegend, wie wir sahen, vollends öbe und traurig.

Der ganze Küstenstrich aber zwischen Kleinasien und Aegypten ist wie kein anderer dazu angethan, hier ein lebendig regsames Leben zu erzeugen. Nach den fruchtbaren Thälern des Nordens drängten die Nomadenstämme, denen sie in ihren Wüsten wie ein gelobtes Land erschienen, das ihnen ihr Gott noch verschaffen würde. Aber auch die handeltreibenden Völker strebten hierher der Küste zu, da der Handelsweg nach dieser Richtung wies und jedes asiatische Weltreich suchte seine Peripherie bis hierher auszudehnen. Im Gegensatz zu der Monotonie der asiatischen Binnenländer war hier Wechsel und Mannichfaltigkeit. Die schmale Küste drängte auf die See hinaus, die üppige Fruchtbarkeit der tiefen Senkungen lockte zum Ackerbau, das würzige Alpenland unter dem schneebedeckten Libanon förderte die Viehzucht. Zur Bildung eines größeren Gemeinwesens war eine solche Gegend nicht geeignet, vielmehr entwickelten sich hier die schroffsten Gegensätze. Die Nähe der See bildete eine bewegte, unternehmungslustige Bevölkerung, die starre Natur der Berge, die Geschlossenheit der Thäler zwang zu einfacher gleichbleibender Lebensweise. Stämme verschiedener Abkunft konnten sich hier glücklich festsetzen, während andere aus günstigen Positionen zu vertreiben unmöglich schien. So entwickelten sich hier überall kleine Gemeinwesen, die oft in seltsamstem Gegensatze standen, aber je enger und energischer sich diese Gegensätze gegenüberstanden, um so lebendiger mußte der Prozeß des geistigen Lebens sich hier entwickeln.

Der älteste der hier lebenden verwandten Stämme ist der von Sidon. Er saß oben im besten Theil des Landes am Libanon. Die Griechen, die dort die Palmen des Libanon von der See her sahen, nannten den Küstenstrich: Palmenland d. h. Phönikien. Nach der Bedeutung des Namens: Sidonier d. h. Fischer zu schließen, waren sie frühzeitig mit dem Meere vertraut und unterschieden sich so von den übrigen Stämmen. Die Küste entlang nach Süden wohnten die Philister. Am Hermon hausen die Amoriten, am todten Meere die Moabiter, zwischen beiden die Amoniten. Vor den Philistern hatten die Kanaaniten oder Cheviter das Land besessen. Keiner dieser Stämme war ganz Herr geworden, keiner ganz besiegt.

Der Stamm der Philister war unter sich durch Bündnisse organisirt. Der Bund der fünf Städte Gaza, Askalon, Asdod, Gath und Ekron gab dem zerstreuten Volk einen Halt. Dazu liebten ihre Könige den Krieg und hielten stehende Heere. Das Verbindende unter all diesen syrischen Stämmen ist die Religion. Unter verschiedenen Namen werden zwei Hauptgottheiten verehrt. Neben dem lasciven Kult, der den zeugenden Gottheiten des Naturlebens gewidmet wird, werden auch fremde und feindliche Mächte durch grausame Asketik, Selbstverstümmelung und Vernichtung gefeiert. Wie die

Ataber hatten die syrischen Stämme in alter Zeit keine Götterbilder. Steine kegelförmiger Art galten als Wohnstätten der Götter. Als späterhin diese Steine mit Bedachungen geschützt, mit Tempeln versehen wurden, stellten sie den Gott dar. Es sind das die Baalssäulen, die auch außer dem Tempel angebracht werden. Dem Baal steht bei den Syrern die Aschera zur Seite (Mylitta). Auf den Waldhöhen des Libanon wurde sie neben dem Baal angerufen. Die immer grünen Terebinthen und Cypressen waren ihr heilig. Der Granatapfel mit den vielen Samen war ihr Symbol; aus dem Thierreich die Fische und Tauben. Neben der Göttin des Lebens, der fruchtbaren Feuchte, stehen dann die finstern verderblichen Mächte des Todes, Moloch und Astarte. Moloch der Gott der Sonne, des fressenden Feuers, der sengenden Hitze ward in Gestalt eines Stieres verehrt. Seinen Grimm zu stillen ward er mit Menschenopfer gefüttert und bei neuen Unternehmungen mit Blut günstig gestimmt. Selbst des Königs Kinder wurden ihm in verhängnißvollen Zeiten dargebracht. Als König Joram von Israel den König von Moab in Kir-Haräseth eingeschlossen hatte, verbrannte dieser seinen Sohn dem Moloch; darauf sagt der Schreiber der Königsbücher sei ein großer Zorn über Israel geworden und Moab habe gesiegt. (2. Kön. 3, 27). Es gab hohle Molochbildsäulen, die wie Oefen von innen geheizt wurden und denen man die Opfer über die Arme in den Schlund rollen ließ. Die unglücklichen Opfer mußten zudem ohne Klagen zum Tode gehen, um dem Gott zu gefallen. Die Schwester des Moloch, Astarte, wird gleichfalls mit dem Stierkopf gebildet. Ihr ward mit strenger Keuschheit gedient, Vestalinen und Eunuchen waren ihre Hierodulen. Wilde Raserei beim Klang der Cymbeln und Schalmeien war der Grundcharakter ihrer Feste, Raserei, Zerfleischung, Selbstverstümmelung, betäubende Tänze, Mord und Todtschlag in heiliger Wuth ihre schönsten Opfer. Beim Klang der Pfeifen und Pauken fingen die Verschnittenen an sich im Kreiße zu drehen, mit wilden Verrenkungen und Bewegungen des Körpers, das Haupt zur Erde gebeugt, so daß die Haare im Kothe schleiften. Dabei zerbissen sie sich die Arme und zerschnitten sich mit Schwertern. Der Rasendste fing dann an zu prophezeien, und zugleich geißelten sie sich bis zur Erschöpfung. Nachdem Geißelung und Tanz geendet, nahm man Spenden in Empfang, um mit einem Gelag den Tag zu schließen. Aehnlich ging es bei den Opfern des Baal, Moloch, Melkarth her. Die Thyrier riefen ihn auf dem Karmel an und flehten zu ihm, in der Weise, die in des Elias Geschichte anschaulich beschrieben wird. Unter diesen syrischen Stämmen war Sidon, die große Sidon, der Erstgeborene Kanaans, der Markt der Nationen, Vorort. Nächst ihm das feste, auf der uneinnehmbaren Landzunge gelegene Tyrus (Zor.) Sie waren die Briten der alten Welt. Ihre unzähligen Schiffe schwärmten auf allen Meeren, sie transportirten gewaltige Ladungen Silber und Zinn von Spanien und England, holten Bernstein von der Ostsee. Ihre großartigen Eisengießereien, Schmuckwaarenlager, ihre Purpurfabriken, ihre Glashütten versorgten die ganze Welt. Die Rohstoffe kauften sie auf an allen Küsten, die babylonischen Teppiche und Kunstgegenstände brachten sie in den Handel. Schon zu Homers Zeit fahren sie von einem Hafen zum andern, um da die Messen zu beziehen, Rückfracht zu holen und wohl auch Menschen zu stehlen.

Unter dem Einfluß des Reichthums werden Sitten und Kult noch üppiger als selbst im Orient gewöhnlich ist. Die großen Fabrikstädte mit ihren Arbeitern, Matrosen, Seeleuten, Handwerkern und Kleinhändlern bildeten eine gefürchtete Plebs, der die Aristokratie eine gewisse Staatskontrole zuzugestehen gezwungen war. Es erwuchs so ein gewaltiges großstädtisches Leben, auf das die umliegenden Ackerbau und Viehzucht treibenden Stämme mit Abscheu hinschauten. Vgl. Ezech. 27, 10. So war das Land beschaffen, in das etwa um 1300 vor Christus die Hebräer unter der Leitung des Josua einfielen. Die Geschichte der Eroberung eines Theiles dieser Länder wird uns im Buche Josua berichtet. Sehen wir zu, welcher Art dieses Buch sei und was es uns erzähle.

Das Buch Josua.

Es läßt sich nachweisen, daß das fünfte Buch des Pentateuch und somit auch die letzte Redaktion desselben, erst in der Zeit der Könige ist vollendet worden. Das besagte Buch hat nämlich unwidersprechlich die Verhältnisse der Königszeit im Auge und enthält sogar ein Königsgesetz, das unnöthig gewesen wäre, ehe es Könige gab. Es läßt sich nun nicht wohl denken, daß ein so spät beendetes, geschichtliches Werk mit dem Tode Mose sollte abgeschlossen haben, ohne die Besitznahme selbst und die Vertheilung des Landes unter die übrigen Stämme in seine Erzählung aufzunehmen. Beim Tode Mose haben die Israeliten das eigentliche Land Kanaan noch gar nicht betreten; nur 2 1/2 Stämme des Volkes haben, außerhalb dieses Landes und jenseits des Jordan, Besitzungen angewiesen erhalten unter der Bedingung den Kampf fortzusetzen. Sollte nun der Verfasser der fünf Bücher Mose das Volk Israel hier am Jordan stehen lassen und seine Geschichte schließen? Ist es nicht vielmehr wahrscheinlich, daß das Buch Josua, das die Geschichte der fünf Bücher zum Abschluß bringt, auch wirklich ein integrirender Bestandtheil jenes Werkes ist, den erst spätere Schriftgelehrten ungeschickt trennten? In der That ist dem so gewesen, wie eine nähere Betrachtung ausweist.

Sowohl den fünf Büchern als Josua liegt — wie aus sprachlichen und kritischen Gründen hervorgeht — ein größeres historisches Werk zu Grunde, das die Geschichte Israels von der Erschaffung der Welt bis zur Vertheilung Kanaans behandelte und das zu Beginn der Königszeit geschrieben sein mag. Es ist das das Werk des sogenannten Elohisten. Das Meiste unseres jetzigen Buches Josua war in diesem Werk enthalten, dessen Schluß es bildete. Dieses Werk ist dann durch einen etwas späteren Schriftsteller, den Jehovisten durch weitere Urkunden, neue Stücke und mancherlei Zusätze, Aenderungen, Auslassungen überarbeitet worden; so entstand ein neues Werk, das die vier ersten Bücher des Pentateuch wesentlich ganz, aus dem fünften Buch Kap. 34, 1—8, die Nachricht vom Tode Mose und das Buch Josua enthielt.

Dieses neue Werk wurde zum dritten Mal überarbeitet durch den Verfasser des fünften Buchs (Deuteronomium), den Deuteronomiker. Die Hauptveränderung, die er vornahm, war die Einschaltung des fünften Buches zwischen das vierte und Josua. Er wollte eine kurze Rekapitulation des weitschichtigen Gesetzes geben und dazu hat er die Form gewählt, daß er Mose selbst vor seinem Tode in langen Reden seinem Volke das ganze Gesetz wiederholen und einschärfen läßt, was freilich den Mißstand herbeiführt, daß Mose auch Verhältnisse berücksichtigen muß, die erst der Königszeit angehören.

Als Zeit der Abfassung dieses jüngsten Stücks des Mose-Josuabuchs und der Schlußredaction des Ganzen wird am wahrscheinlichsten die Regierung des jüdischen Königs Manasse, in der ersten Hälfte des 7. Jahrhunderts vor Christus anzunehmen sein. Erst in dieser Zeit nämlich kann ein Verbot des Höhendienstes, den fromme Könige wie Usia und Jotam unbedenklich getrieben hatten, aufgetreten sein und aus diesen und anderen Gründen setzen Ewald, Riehm, Bleek u. A. das Buch in jene Zeit.

Dem sogenannten Elohisten, der etwa unter David gelebt haben mag, verdanken wir somit die erste Bearbeitung älterer Quellen über das Leben Josua's, während der Deuteronomiker seinen Pragmatismus in dieses Werk hineintrug und durch eingeschobene Reden und Färbung der Ereignisse aus demselben ein Buch machte, das einer götzendienerischen Zeit warnende und strafende Exempel an die Hand zu geben bestimmt war. Als ächt historischer Inhalt dieses Buches läßt sich ungefähr folgendes Thatsächliche feststellen.

Josua — oder nach der späteren Aussprache Jesu d. i. Gotthülf — war schon von Mose, neben dem Priester Eleazar, zum Volksführer ernannt und von der Gemeinde anerkannt worden. Als Kriegsheld sollte er, wie die Zeit es verlangte, den schreibenden Propheten ablösen. Sein schweres Tagwerk war der Kampf mit den Kanaanäern, deren feste Plätze und geübte Heere er mit seinen schlecht bewaffneten Nomaden im Angriffskrieg sich unterwerfen sollte.

Unweit Gilgal überschritt er mit seinem Volke den Fluß, wie 12 Denksteine den kommenden Geschlechtern berichteten. Der Deuteronomiker malt dieses Ereigniß in Farben aus, wie sie der Durchgang durch das rothe Meer an die Hand gab und ähnlich hüllt sich die Wahrheit, daß vor Jehovas Willen auch die festesten Mauern fallen müssen, bei der Erzählung von Jerichos Eroberung in ein greifbares äußeres Gewande, Gilgal und Jericho sind denn die ersten Orte, wo Israel festen Fuß faßt, um den Krieg fortzuführen in der blutigen und vernichtenden Weise wie Beduinen pflegten und pflegen. Zum ersten Mal unter dem König von Jebus (Jerusalem) treten verbündet die kanaanäischen Stämme den Eindringlingen entgegen und es wird unter den Mauern von Gibeon die Entscheidungs- schlacht geschlagen, die über die Existenz des Volkes entscheidet. Noch gegen den sinkenden Tag schwankte der Sieg, so daß das alte Volks- lied Josua rufen läßt:

Sonne, in Gibeon stehe still,
Und Mond im Thale Ajjalon!
Und die Sonne stand still, und der Mond hielt an,
Bis das Volk bestrafte seine Feinde.

Der Tag von Gibeon war der wichtigste in der ganzen Erobe- rungsgeschichte; mit entsprechend glänzenden Farben hat ihn das Volkslied und die Sage umkleidet und den Himmel selbst streiten lassen für Israel. Der Feldzug gegen Jabin, König von Chasor, verlegt den Kriegsschauplatz bereits in den äußersten Norden Palä- stinas an den Bergsee Merom, wo die Israeliten neue Siege er- fechten und so ist bereits das ganze Land vom schwarzen Meer bis zu den Vorbergen des Libanon den Waffen Josua's unterworfen, so wenigstens, daß die Israeliten die Ebene und die besten Thäler inne haben. An Härte und Gräueln des Kriegs hat es dabei nicht ge- fehlt, wenn aber die jetzige Darstellung keinen einzigen Kanaanäer irgendwo entrinnen läßt, und sogar zum Beschluß alle Anak'ssöhne in Süd und Nord ausrottet, so können wir allen Spuren nach, darin nur die Bearbeitung des Deuteronomikers erkennen, welcher Josua als Vertilger des kanaanäischen d. h. heidnischen Wesens vorbildlich so darstellt, wie er die Könige seiner Zeit wünschte, in der der Götzendienst wieder allenthalben im Schwange ging. Als passendes Ende des Leben Josuas läßt die Geschichte ihn alle die Einrichtungen treffen, die eine spätere Zeit vorfindet und für die der historische Ursprung vergessen war. Wie auf Moses das ganze spätere Gesetz, so wurden auf Josua die Stammeseinrichtungen zurückgeführt und namentlich die Vertheilung der Landstriche unter die Stämme, wie sie sich im Verlauf der Geschichte entwickelte, ihm zugeschrieben. Sein Leben läßt die Erzählung in ein friedliches Alter ausmünden, das ihn die Früchte seiner Thaten ernten läßt und der Deuteronomiker setzt ihn, gemäß der Tendenz seiner Darstellung, dem Volk noch als Lehrer, der das Volk warnt vor den Gefahren, die künftig kommen sollen. Auf seiner Besitzung zu Timath Seerach stirbt er und wird er be- graben unweit Schiloh, wo jetzt die Bundeslade stand, in der das Volk seinen Mittelpunkt sah und sein Nationalheiligthum verehrte.

So blutig indessen der Vertilgungskrieg auch gewesen war, den nach semitischer Weise Josua gegen die Bewohner von Kanaan geführt hatte, sein Werk war doch nur halb vollendet. Es gelang nicht die alten Bewohner überall zu vertreiben. Auf die Küstenstädte der Phönizier konnten die Hebräer nicht einmal einen Angriff wagen, die ganze Küste blieb in Händen der Philister und in den fest ge= legenen Städten innerhalb des Landes blieben die Kanaaniter sitzen, da die hebräischen Stämme ihre Kräfte bald zersplitterten und jeder da sich niederließ, wo er für seine Heerden ausreichende Weide vorfand. So war das Volk nicht zu seinen natürlichen Grenzen vorgebrungen, aber eben dadurch, daß es vom Meere abgesperrt und rückwärts durch eine Wüste isolirt war — lebte es nun ein selbstständig abgeschlossenes Leben, das sich im Gegensatz zu den umgebenden Stämmen eigen= thümlich gestaltete.

Das Buch der Richter.

Um die Abfassungszeit des Buches der Richter zu bestimmen, müssen wir zuerst die letzten Kapitel dieses Werkes in's Auge fassen. Es kehrt dort mehrmals die Bemerkung wieder, daß in der Zeit, von der die Rede sei, kein König in Israel gewesen (18, 1; 19, 1.). Dazu wird wohl auch beigefügt: Jeglicher habe gethan, was ihm recht däuchte (17, 6; 21, 25). Daraus ergibt sich wohl auf's Deutlichste, der Abschluß dieses Buches fällt in eine Zeit, in der das Volk Israel von Königen beherrscht ward. Auf der anderen Seite aber beweisen die sehr anschaulichen und in's Einzelne gehen= den Erzählungen, daß ihre Aufzeichnung nicht allzu spät fällt. Auch machen die Bemerkungen über die frühere Anarchie glaublich, daß, als das Richterbuch geschrieben wurde, das Volk die Wohlthaten ei= nes geregelten königlichen Regiments noch nicht lange genoß. Ja es läßt sich sogar mit ziemlicher Sicherheit behaupten, daß die Ge= schichte der Richter niedergeschrieben wurde vor der deuteronomischen Bearbeitung der Mose=Josua=Bücher, in einer Zeit, in der es noch nicht für unerlaubt galt, Jehova an verschiedenen Orten zugleich durch Darbringung von Opfern zu dienen, (2, 5. 6, 24. 26. 11, 11. 13, 9.); auch ist es wahrscheinlicher, daß manche Angaben, die das Buch Josua und Richter gemeinsam haben, aus dem Richterbuch in das erstere übergegangen sind, als umgekehrt. Frägt man be= stimmter nach dem Verfasser dieses Geschichtsbuches, so ist das Wahr= scheinlichste, daß der Jehovist dasselbe zusammengetragen. Indessen ist es bis jetzt der Kritik noch nicht gelungen, hier auf den Grund zu sehen.

Seinen Namen führt das Buch von dem Inhalt, der sich vor= nehmlich mit der Geschichte der Richter beschäftigte. Richter, Suffe= ten nannte man in den phönitischen Städten die Volksobersten und den gleichen Titel legten die Israeliten den Stammführern bei, die in den Zeiten der Drangsale als Volksdiktatoren auftraten, im

Kampf mit den Kanaaniten, den Söhnen Israels zum Sieg verhalfen und dann bis zu ihrem Tod die Würde eines Häuptlings beibehielten. Zu Debora ziehen die Söhne Israels hinauf, um sich Recht sprechen zu lassen, und Eli und Samuel, deren Geschichte allerdings nicht mehr in unserem Buch erzählt wird, verwalten dieses Amt lebenslänglich.

Die Lage Israels brachte es mit sich, daß es solcher Kriegsfürsten nicht entrathen konnte. Zwar befand sich — mit Ausnahme der Stadt Jebus (Jerusalem) — der ganze Gebirgszug Ephraim und Juda in ihren Händen, aber schon in der Ebene Jesreel, in der Niederung am Jordan bei Bethsean und an der Meeresküste bei Sidon blieben viele Städte unerobert, also Städte an der Küste und an der Straße, welche die Küste mit Damaskus verbindet; noch mehr aber eine Reihe von Städten am Libanon hin, an der nördlichsten Gränze des den Israeliten zugetheilten Landes, welche durch die kanaanitische Macht auf dem Libanon beschützt wurden. (Richter 3, 3). Während die ersteren mit den Israeliten eine verhängnißvolle Freundschaft schließen, um sich die Verbindung zwischen der Küste und Damaskus offen zu halten, werden die nördlichen Kanaaniten durch das Schwert Meister und erringen eine zwanzigjährige Oberherrschaft im nördlichen Kanaan bis in die Ebene Jesreel hinein. (Richter 4, 5.). Dazu kommen die Einfälle der mit den Israeliten verwandten Moabiten und Ammoniten und der arabischen Wüstenvölker, der Midianiten und Amalekiten, und als gefährlichster Feind erhebt sich im Südwesten die philistäische Macht.

Zersprengt und zersplittert, in gesonderte Thäler verloren, fehlt es obenein dem Volk an innerer Einheit. Einzelne Stämme, am Rande des israelitischen Gebietes, werden allmählig in Schiffahrt und Handel hineingezogen wie Dan, Asser, Isaschar; Sebulon. (Richter 5, 17). Andere wie Ephraim und Juda sind auf Viehzucht angewiesen und leben ihren eigenen Interessen.

Wenn in dieser Zeit das Volk nicht resorbirt wurde von den übermächtigen umliegenden Stämmen, so ist das das Verdienst jener Richter, die durch Thaten ihres Schwertes das nationale Bewußtseiu ihres Stammes lebendig erhielten. Von der Herrschaft der nördlichen syrischen Stämme befreit ein Athniel sein Volk, Ehud ermordet den König der Moabiten und ruft die Söhne Ephraims zum Freiheitskrieg auf. Jabin, der König der Kanaaniten zu Hazor, schmiedet Israel neue Fesseln. Zwanzig Jahre dauert die Knechtschaft, bis Barak und Debora, die Prophetin, fünf Stämme unter die Waffen rufen und dem Feldherrn Sissera eine schwere Niederlage beibringen. „Wohlauf, Debora, wohlauf“! sang man in Israel, „erwecke den Geist und singe den Sieg! Auf, Barak, Abinoam's Sohn, führe herbei deine Gefangenen.“ (Richter 5.). — Nun aber kommen die Wüstensöhne und plündern die Hütten und Scheunen Israels aus. „Wenn Israel säete, so kam Midian und Amalek herauf und die Söhne des Ostens und lagerten sich um sie und richteten die Gewächse des Landes zu Grunde und ließen nicht übrig Lebensmittel in Israel, weder Schafe, noch Rinder, noch Esel. Denn sie und ihre Heerden kamen herauf mit ihren Zelten, wie Heuschrecken an Menge, und ihrer Kameele war keine Zahl. Damals war Israel viel geringer als Midian." (Richter 6, 1 — 7.).

Endlich wurden die Midianiten von Gideon, einem Richter aus dem Stamme Manasse bezwungen; die Ammoniten von Jephtha aus Gilead, im östlichen Jordanlande. Die Philister von Simson, einem Heldenjüngling aus dem Stamme Dan. Dunkle Zeiten folgen dann. Zeiten der Verwilderung und des Bruderkrieges, die das Richterbuch in seinem letzten Abschnitt erzählt.

Ueber den Geist des Buches, dessen Wildheit Manchen erschrecken wollte, lassen wir am liebsten der Aeltern Einen, den würdigen Herder reden, der sich in seinem Werk über den Geist der hebräischen Poesie (Theol. W. II. 3. Bb., S. 123) also vernehmen läßt: „Das ganze Buch der Richter lebt in poetischen Zügen. Es athmet den Geist seiner Zeit, den jugendlichen Muth eines neu gepflanzten Bergvolks, das zwar oft unterdrückt wird, weil keine Ordnung, kein Regiment über ihm herrscht, in welchem aber die Flamme der Tapferkeit und Freiheit hie und da in einzelnen Heldenseelen auflobert. — Es ist arm zu lesen, was diesem Buche und seinen Abenteuern für Einwürfe entgegengesetzt werden, ganz ohne Rücksicht auf die damaligen Zeiten. Jedermann weiß, daß alle alten Nationen in ihren Kriegen sich Listen erlaubten; alle wilden Völker thun es noch jetzt und ziehen, bei übrigens großem Muth, die List der Gewalt vor. Ein ungeordnetes, unterdrücktes Volk, dessen Nationalkraft nur in einzelnen Männern aufgeht, hat dieser Waffe noch mehr nöthig: denn wie kann, wenn man mit Sinn reden will, ein Einzelner, auch der stärkste und muthigste Mann, wider eine ganze Horde bestehen, der er auch durch keine Kriegskunst überlegen ist? Und sind die Kriegskünste nicht auch Listen? und gibt es wohl eine dümmere List, eine tapferkeitslosere Tapferkeit, als die aus dem Schlunde einer Kanone? Da lasset doch den Ehud hingehen, und mit seinem Dolch, vom Jehova erweckt, den fremden Tyrannen durchstoßen; es war ein Nationalwort, das er ihm zu sagen hatte, entscheidender, als bei uns ein mit vielen blutenden Menschenherzen unentscheidender Sieg. Auf einzelnen Heroismus im Muth und mit der Faust kam damals Alles an, und so wenig die wilde Zeltbewohnerin Jael, das Weib Ebers, die, verbündet mit Israel, den Tyrannenfeldherrn eines fremden, streifenden Volkes in ihrer Hütte durchbohrte, so wenig sie auf unsern Orden des militärischen Verdienstes Ansprüche machte, so sehr gebührte ihr damals das Nationallob im Gesange der Debora. Erst müßten wir die Horden, die gegen Israel zogen, zu regelmäßigen Völkern und ihre Zeiten zu den unseren umwandeln, wenn wir die Moral unserer Kriege auf sie anwenden wollten."

Damit glauben auch wir jeder weiteren Apologie entbehren zu können und legen dem Leser, der für poetische Schönheit Sinn hat, dies gewaltige Lied der Debora (Richter 5), die poetische Geschichte Jephtha's und die heitere Schilderung des liebenswürdigen Philisterfeindes Simson, auch für dieses Interesse bestens an's Herz.

Die Bücher Samuelis und der Könige.

"Die zwei Bücher Samuelis, die zwei Bücher der Könige." ... so steht in dem Katalog geschrieben, den wir in den Schulen auswendig lernen, während es in der That nur ein Buch Samuelis und ein Buch der Könige gibt, die, wie sie jetzt vorliegen, zusammen selbst nur ein einziges Buch bilden.

Freilich ein Buch, das aus zweien zusammengewachsen ist und das darum schon der hebräische Kanon in ein Samuelbuch und ein Königsbuch trennt, während die jetzt beliebte Eintheilung in je zwei erst im 16. Jahrhundert aufkam.

Das Werk, wie es aus der letzten bearbeitenden Hand hervorgegangen ist, bildet eine fortlaufende Geschichtserzählung von den Zeiten des Richter und Propheten Samuel bis in die Zeit des babylonischen Exils hinein. Das ganze Buch ist darum dennoch nicht aus einer Feder geflossen. Der Schreiber des Königsbuches hat einen andern Zweck im Auge als der des Samuelbuches. Er will nachweisen, wie die Geschichte Israels unter den Königen eine Kette von Verschuldungen gewesen sei gegen Jehova, deren endliches Resultat der Untergang des jüdischen Reiches war. Niemals hat ein Historiker einen höhern Standpunkt zu den Dingen genommen, niemals einer einen stolzern Pragmatismus hineingetragen in seinen Stoff. Von einem ganz andern Standpunkt aus schreibt dagegen der Verfasser des Samuelbuchs. Während jener auf jedem Blatt den Höhendienst als ungesetzlich rügt, so hat dieser kein tadelndes Wort dafür, wenn zu Zeiten Samuels und Davids an verschiedenen Orten außer bei der Bundeslade Altäre errichtet und Jehova Opfer dargebracht werden. Wenn jener in diesem Höhendienst eine Verschuldung des Volks erblickt, so stellt dieser ihn vielmehr als etwas Gott Wohlgefälliges dar. 1 Sam. 7, 5 ff. 9, 13, 10, 2. 14, 35; 2 Sam. 24, 18—28.

So bezieht sich auch der Verfasser des Königsbuches vielfach auf das geschriebene Gesetz zurück, citirt frühere geschichtliche Werke und weist stets auf das Exil hin, was Alles sich im Samuelbuch nicht findet. Die beiden Schriften haben somit verschiedene Verfasser, aber die Bücher Samuelis sind darum dennoch nicht in dem Umfange, wie sie vorliegen, für eine selbstständige Schrift zu halten.

Der Tod Davids wird erst im Königsbuch berichtet. Da aber 2 Sam. 5, 4 die Zahl der Regierungsjahre Davids angibt, die Bücher Samuels somit erst nach dem Tod Davids geschrieben sind, wie kommt es, daß der Verfasser kurz vor diesem Ereigniß seine Erzählung abbricht, ohne sie bis dahin zu führen? So kann das Buch doch wohl schwerlich geschlossen haben, wie es jetzt schließt.

Andere Umstände beweisen nun aber, daß es nicht blos den Tod Davids, sondern auch die Regierung Salomos ursprünglich enthielt. 1 Sam. 2, 27—36 wird bereits eine Weissagung an Eli berichtet, deren Erfüllung 1 Kön. 2, 26 nachgetragen wird. Ebenso wird Davids 2 Sam. 7 bei dem Verbot des Tempelbaues bereits mit dem 1 Kön. 5, 17 erzählten Bau seines Sohnes getröstet. Theile dessen also, was jetzt in das Königsbuch gerathen ist, bildeten ursprünglich den Schluß des Samuelbuches und es ist wahrscheinlich, daß dieses seine Geschichte bis nach dem Tode Salomos oder bis zur Trennung der 10 Stämme herabgeführt hat.

Der Verfasser des Königsbuches löste sodann den letzten Theil jenes Werkes ab und verwebte ihn in seine Geschichte, die er eben als Fortsetzung des Samuelbuchs betrachtet hat.

Wann die sogenannten Bücher Samuelis geschrieben sind, das läßt sich mit ziemlicher Sicherheit aus 1 Sam. 27, 6 bestimmen, wo es heißt, der Philister Achis habe dem flüchtigen David Ziklag gegeben: „so ist Ziklag den Königen Juda's zu Theil geworden bis auf den heutigen Tag." Das Samuelbuch ist also geschrieben, als das Königreich Juda noch bestand, was bei Abfassung des Königsbuchs nicht mehr der Fall war. Es ist aber auch geschrieben, als die beiden Reiche schon getrennt waren und man bereits von „Königen von Juda" reden konnte. Andererseits hat das Buch die Wegführung der zehn Stämme (722) noch nicht erlebt, da sich davon Spuren vorfinden müßten. Zwischen beide Termine wäre somit die Abfassungszeit zu setzen.

Die Quellen, die der Verfasser benützte, sind zum Theil poetische, wie die schöne Elegie Davids auf den Tod des Saul und Jonathan 2 Sam. 1, 19 ff., wie das Klagelied Davids auf Abner, 2 Sam. 3, 33, wie das Dankgebet Davids 2 Sam. 22, das sich auch als Psalm 18 findet, wie „die letzten Worte Davids" 2 Sam. 23, 1—7 und wie das sogenannte Lied der Hanna, 1 Sam. 2, 1—10, das der Verfasser, verleitet durch die Worte „sogar die Unfruchtbare gebiert sieben und die Kinderreiche verwelket," irrthümlich der Mutter Samuels in den Mund legt, während es offenbar in Beziehung auf einen siegreichen israelitischen König gedichtet ward.

Aber auch andere Quellen hat der Verfasser benützt, deren Widersprüche unter sich, er nicht stets auszugleichen vermochte. So kommt es, daß 1 Sam. 16, 14—23 David als Harfenspieler in Sauls Gefolge aufgenommen wird, während er 17, 1—18 Hirtenknabe ist und erst als Sieger Goliaths mit Saul bekannt wird,

daß 18, 15 ihn Saul's Gnade durch jene That erwerben läßt,
während sofort der folgende Vers Sauls Eifersucht von da datirt.
Wozu auch das noch erwähnt werden muß, daß 2 Sam. 21, 15—22
sich in die Geschichte der Kriege Davids selbst eine Notiz eingeschli=
chen hat, daß ein Elchanan aus Bethlehem den Gathiter Goliath,
dessen Speerschaft wie ein Weberbaum sei, erschlagen habe, eine
Notiz, die der Verfasser offenbar aus einer früheren Quelle über=
nommen hat, ohne in ihr eine Erzählung des bereits berichteten
Goliathhandels zu erkennen. Man hat viele Mühe aufgewendet,
diese ursprünglichen Quellen wieder herzustellen und das ganze Buch
in seine früheren Bestandtheile zu zerlegen, geglückt ist es jedoch
noch nicht und wird vielleicht auch niemals glücken.

Suchen wir uns nun darüber zu orientiren, von welchem Stand=
punkt aus der Verfasser jene ältern Quellen bearbeitet habe, so zeigen
die ganz bestimmten Urtheile, die er über alle Ereignisse fällt, daß
es ein ganz entschiedener Parteistandpunkt ist und zwar der der
Priesterpartei. Wir betrachten heute zu Tage die Gestalten der hei=
ligen Schrift nicht mehr in der naiven Weise früherer Zeiten. Wir
wissen daß diese Männer in lebendigen Interessen gestanden haben
und Partei genommen haben mit starkem Haß und feuriger Liebe.
Es ist thöricht sie noch immer zu schildern als buddhistische Heilige,
die nichts thun, als vor sich sehn und fromme Gedanken haben.
Auch sie standen im gewaltigen Kampf des Lebens mit bestimmtem
Willen und bestimmter Richtung. So hat auch der Verfasser des
Samuelbuchs seinen bestimmten Standpunkt den Ereignissen gegen=
über genommen und hat sie erzählt, wie sie einem Manne seiner
Partei erscheinen mußten.

Der Schreiber ist selbst nur einer der letzten Kämpfer eines
durch Generationen hindurchziehenden Krieges, den er in seiner Weise
beschrieben hat: des Krieges zwischen den Priestern und den Königen
um den Besitz der Macht. So gewaltig das Ansehen des Priester=
standes war, als die Israeliten aus dem Priesterlande am Nil zu=
rückkehrten, so lag es doch in der Natur der Sache, daß bei einem
erobernden Volke auch der Kriegerstand der herrschende wurde. So
waren gleich bei der Besitznahme des Landes die Leviten in den
Hintergrund gedrängt worden. Zu Ende der Richterzeit hatte es
dann freilich den Anschein, als ob durch einzelne berühmte Priester=
familien und einige eminenten Charaktere Gesetzgebung und Verwal=
tung wieder an bestimmte priesterliche Familien kommen solle, allein
nach bitterm Kampf mit dem Volk ward Samuel gezwungen zur
Institution des Königthums seinen religiösen Segen zu geben.

So hatte denn die Priesterschaft vom Standpunkt ihrer In=
teressen gesehen die Aufgabe, diese neugeschaffenen Könige auf jenes
Maß von Macht herunterzudrücken, mit dem auch die Pharaonen
des benachbarten Aegyptens sich begnügen mußten. Kein Wunder,
daß sich da bald zwischen dem ersten thatkräftigen hebräischen König

und dem gewaltigen Samuel ein erbitterter Kampf entspinnt. Denn wiewohl jener nach der spätern Erzählung sein Richteramt feierlich niedergelegt hat, vertheidigt er doch in Wirklichkeit jedes Titelchen seiner Kompetenz mit all den Mitteln, die dem einflußreichen Priester zu Gebot standen. Als Veranlassung des Streites wird erzählt, daß Samuel den Saul zum Krieg gegen die Amalekiter genöthigt und den ganzen Stamm mit seinen Heerden zu Ehren Jehovas niederzumetzeln und sein Eigenthum zu vernichten befohlen habe.

Saul schlug die Amalekiter, aber der barbarischen Weisung des Priesters kam er nicht nach. Da sprach der Herr zu Samuel, — so erzählt unser Schreiber 1 Sam. 15, 11: Es reuet mich, daß ich Saul zum Könige gemacht habe. Vergeblich versichert Saul, die Heerden der Amalekiter nur mitgebracht zu haben zum Opfer, Samuel erklärt: Gehorsam ist besser als Opfer und Ungehorsam ist Götzendienst. Obgleich sich Saul nun wirklich demüthigt und dem Priester den Saum des Gewandes küßt, erklärt Samuel, die Krone dürfe nicht in Sauls Familie erblich werden; doch läßt er sich so weit erbitten, den Saul nicht vor den Volksältesten zu bemüthigen, sondern er begleitet ihn zum Opfer nach Gilgal und haut dort den König der Amalekiter, Agag vor dem Altar in Stücke. Samuel salbte nun David zum König, um der Familie des Saul sofort ein Gegengewicht zu geben und David entspricht den Hoffnungen, die die Priester in ihn setzten. Natürlich, daß der Prätendent bald mit dem regirenden König in Streit geräth, trotz der Unterstützung durch die Priester wird er zum Bund mit den Landesfeinden gedrängt, allein nach dem Tode Sauls weiß er sich allmählig in den Besitz der ganzen Herrschaft zu setzen.

Der ganze Zwiespalt der Parteien, der bis in den Schoß der neuen Königsfamilie hereingreift, wird namentlich in der Geschichte Michal's 2 Sam. 6 bei der Einholung der Bundeslade offenbar. Es gab nach dieser Erzählung selbst am Hof noch solche, die von dem Bund mit den Leviten und von der gehorsamen Unterordnung unter sie nichts wissen wollten, während David mit vielem Geschick die Interessen des Thrones mit denen des Altars zu verbinden weiß. Kein Wunder, daß er somit unserm spätern priesterlichen Chronisten als der Mann nach dem Herzen Gottes erschien. Sehen wir indessen von diesem Standpunkt der Priester bei der Beurtheilung David's ab, so dürfte unser Urtheil über ihn kaum eben sehr günstig ausfallen.

Heuchlerisch und treulos ist zunächst die Art, wie er sich der Familie des Saul entledigte, die ihm auch nach Jsboseths Tod immer noch mit Erbansprüchen gefährlich war. Nicht minder verwerflich sind die Gräuel gegen die Ammoniter, die er zersägen und in Ziegelöfen verbrennen, die Meuchelmorde unter seinen Vezieren, die er hingehen läßt, ohne sie zu bestrafen. Die Spitze sittlicher Verwirrung aber ist das Vermächtniß an Salomo,

in dem er diesen bittet den Joab umzubringen, den er selbst zu
schonen Ursache gehabt. Und dazu sein letztes Wort, wie es 1 Kön.
2, 8 — vermuthlich durch denselben Verfasser — berichtet ist: Und siehe
du hast bei dir Simei, den Sohn Gera, des Sohnes Jemini, der
mir schändlich fluchte: Ich aber habe ihm nachher geschworen ihn
nicht zu tödten. Du aber laß ihn nicht unschuldig sein, denn du
bist ein weiser Mann und wirst wohl wissen, was du ihm thun
sollst, daß du seine grauen Haare mit Blut in den Scheol bringest.
Also entschlief David mit seinen Vätern und ward begraben in der
Stadt Davids." Neben diesen üblen Eigenschaften des semitischen
Charakters, neben der Rachsucht, Treulosigkeit und Blutgier, ist
übrigens anzuerkennen, daß David allerdings ein thatkräftiger und
ausgezeichneter Feldherr und Regent gewesen. Auch seine eigen ge-
artete Frömmigkeit läßt sich noch aus seinen Psalmen erkennen. Freilich gerade diejenigen, aus denen man vorzugsweise seine Religiosi-
tät glaubte erweisen zu können wie Ps. 51 und andere hat man
ihm mit Unrecht zugeschrieben, aber aus den 6—10 ächten, die wir
übrig haben, spricht dennoch eine glühende Begeisterung für die Sache
Jehovas, die das Urtheil, das der Verfasser des Samuelbuchs über
ihn fällt, theilweise zu rechtfertigen vermag.

Vor Allem aber haben die spätern Geschlechter vergessen, daß ein
nicht unbedeutender Theil des Volks einst in ihm „den Bluthund"
sah, der den Stamm Sauls ausgerottet hatte und der vor Aufständen selten ganz sicher war. In ihrer Erinnerung lebte er nur
als der Fürst, der das Land vom Libanon bis zum schwarzen Meer
dem Volke unterworfen; die priesterlichen Geschichtschreiber feier-
ten ihn als den ihrer Politik stets folgsamen König und sein Bild
hob sich, je mehr die Unfähigkeit und Abgötterei des späteren Hofs
sowohl das Volk als die Priester erbitterte. So harrten denn die
treuen Israeliten, ähnlich wie die Deutschen auf das Wiedererwachen
des Rothbarts, daß Jehova seinen Knecht David wieder aus dem
Scheol schicke, um Zion wieder aufzurichten und selbst minder phantastische Köpfe sahen allein in der Wiedererhebung des Hauses
Davids durch einen Sprossen aus dem Hause Isai Heil und Hoffnung für das gesunkene Volk.

Von den letzten Tagen des König David bis zu denen des in's
babylonische Exil geführten Königs Jojachin (562 v. Chr.) setzen
die Bücher der Könige die Geschichte des Samuelbuchs fort. Den
Schluß desselben, die Geschichte Salomos enthaltend, hat der Verfasser sich selbst angeeignet, daneben aber noch ein anderes Buch der
Geschichte Salomos (1. Könige 11, 41) benützt. Seine Geschichte
der folgenden Könige entlehnte er dagegen aus einem Buch der Zeit-
geschichte der Könige von Israel und einem andern der Könige von
Juda. Beide Bücher haben wohl jenen ägyptischen Königslisten ent-
sprochen, die von den Priestern geführt wurden und in Lapidarstil
einen kurzen Bericht über die Thaten der Könige und über ihren

Charakter enthielten. So wiederholt sich auch in unserem Königsbuch mit einer gewissen Monotonie das Urtheil: Er that was dem
Herrn wohl gefiel oder was ihm mißfällig war. Daneben ist es
wahrscheinlich, daß der Verfasser eine ältere Erzählung der Thaten
der Propheten Elia und Elisa benützt hat, die zu dem Schönsten und
Erhabensten gehört, was das alte Testament enthält.

Aus diesen Quellen hat der Verfasser seinen Stoff geschöpft,
in dem er seinen strengen Pragmatismus hineinträgt. Von dem erhabensten Standpunkt der theokratischen Weltauffassung läßt er die
Dinge an sich vorübergleiten, indem er überall nur den einen Gesichtspunkt hervorhebt, wie die einzelnen Könige sich zum Götzendienst
und zum Höhendienst sowie zum mosaischen Gesetze gestellt hätten und
darin ein Hinhalten oder Beschleunigen des großen Strafgerichts
erblickt, unter dessen Eindruck er schreibt.

Das Düstere dieses Standpunktes beweist, daß das Buch noch
vor dem Ende des Erils ist abgeschlossen worden, da sonst der Verfasser einen versöhnenderen Abschluß würde gefunden haben als den,
daß der jüdische König von Evil=Merodach endlich aus dem Kerker
gezogen wurde, um im Palast einer traurigen Ehre für die übrigen
Tage seines Lebens sich zu erfreuen. Wer der Verfasser dieses gewaltigen Buches sei, läßt sich nicht mehr ermitteln, das aber läßt
sich mit Bestimmtheit sagen, daß er zu dem Kreis jener priesterlichen
Propheten und prophetischen Priester gehört, die im Eril der früheren
Kämpfe zwischen Leviten und Propheten vergaßen, um in gemeinschaftlicher Arbeit, jeder nach seiner Weise, an dem Volke zu arbeiten,
damit es dem Jehovadienst treu bleibe. So steht er auf einem
Standpunkt, der die Gegensätze bereits überwunden hat, deren frühere
Kämpfe er zwar nur beiläufig aber doch charakteristisch genug erzählt.
Vieles, was wir hier nur berühren können, wird uns bei der Geschichte der Propheten in ein deutlicheres Licht rücken als hier, wo
wir in wenig Worten über den Verlauf einer 400jährigen Entwicklung berichten sollen, die der Verfasser der Königsbücher erzählt.

Die Regierung Salomos bezeichnet in der jüdischen Geschichte
nicht nur einen verhängnißvollen Umschwung der äußeren Verhältnisse Israels, sondern sie führt auch im Innern eine vollständige Umgestaltung der Parteistellungen mit sich, die für das Verständniß der
in den Königsbüchern enthaltenen Erzählung von Wichtigkeit ist.
Unter David war die theokratisch=levitische Partei zugleich die königliche gewesen und für seine Fügsamkeit gegen die Priester hatte
David für all seine schweren Verbrechen Absolution erhalten. Die
Partei des gestürzten Königshauses war Davids und der Priester
gemeinschaftlicher Feind. Salomo — der Erbauer des Tempels —
setzt zu Anfang seiner Regierung dieses gute Einvernehmen fort,
allein er schafft durch seine Politik dafür andere Parteiungen und
bereitet schließlich durch seine Abgötterei jenen furchtbaren Kampf
vor, den Leviten und Propheten gegen die abgöttischen Könige durch

Jahrhunderte hindurch führen mußten und der für die religiöse Ent=
wicklung des Volkes von so eminenter Bedeutung ist.

Durch den Bau des Tempels wurden nämlich zu allernächst
die nördlichen Stämme in ihren Interessen verletzt. Ihre alten
Stammheiligthümer veröbeten, die Leviten zogen sich nach Juda und
der Schwerpunkt der Regierung rückte immer mehr dem Süden zu,
bis denn endlich das Land in zwei Hälften auseinanderbrach. Zu=
gleich trat nun aber mit dem Tempelbau in der theokratischen Partei
selbst eine Zersetzung in levitisch und prophetisch Gesinnte ein, deren
Abneigung in dem Maaß wuchs, in dem die Priester den Kultus um=
ständlicher, complicirter und künstlicher machten und die sämmtlichen
religiösen Thätigkeiten mehr und mehr in ihrer Hand zu monopoli=
siren strebten. Das Volksbewußtsein reagirte gegen diese Versuche
der Priester, sich zwischen Jehova und das Volk zu drängen. Man
billigte es nicht, daß der Israelit nicht mehr selbst opfern, Jehova
nicht mehr unmittbar befragen durfte, sondern Alles und Alles erst
durch der Leviten Vermittlung vor sich gehen sollte. Das Volksge=
wissen reagirte aber nicht minder wider die Tendenz der Leviten, für
alle und jegliche Sünden einen Ablaß durch Opfer zu ertheilen und
die ganze religiöse Thätigkeit aufgehen zu lassen im Opfergeben und
Opfernehmen.

So erhoben sich denn, wie das früher schon geschehen war,
einzelne Männer aus dem Volke, die durch Weissagungen den Be=
weis zu liefern versuchten, daß auch sie mit Jehova in unmittelbarer
Berührung ständen, die sich wohl auch in Wundern versuchten und
in herben Worten die levitische Meinung geißelten, daß Gott
das Pflastertreten in den Vorhöfen des Tempels liebe und
Wohlgefallen habe an Fettduft und Bocksblut. Trotz dieses
Gegensatzes zwischen Leviten und Propheten hielten beide aber überall
treulich zusammen, wo es die gemeinsamen Interessen gegen die
götzendienerischen Höfe zu vertheidigen gab, aber im Schooß des
theokratischen Volkes selbst vertraten jene die hierarchische Ordnung,
diese dagegen die freireligiöse Bewegung und förderten eine mehr gei=
stige, rein monotheistische Gottesanschauung, deren Erhaltung und
Läuterung wir ihnen zu verdanken haben.

Schon unter Salomo war der Kampf zum Ausbruch gekommen.
Schon er hatte die phönicischen Kulte des Baal und der Astarte in
Jerusalem eingeführt. Der Widerstand in Juda war nicht eben be=
deutend gewesen. Anders wurde es nach seinem Tod. Die Antipathien
der nördlichen Stämme gegen die südisraelitische Regierung führte zu
einer Losreißung, bei der die Propheten sich selbst betheiligten. Als
aber nun der neue Usurpator Jerobeam, um dem Wallfahren nach
Jerusalem ein Ende zu machen, in Bethel und Dan Jehovabilder
in Gestalt von Stierstatuen aufstellen ließ und zu dem Volk sprach:
Hier ist der Gott, der dich aus Aegypten geführt, und als sich nun
bald neben diesem Götzendienst noch der phönicische Kult mit all

seiner Obscönität im Lande breit machte, da begannen die Jehova=
Propheten einen gewaltigen Kampf wider diesen Götzendienst. An
Gräuelthaten fehlte es auf beiden Seiten nicht. Die abgöttischen Kö=
nige stellten förmliche Hetzjagden auf die Propheten an, die aber ge=
rade deren Fanatismus in die Höhe trieben statt ihn zu brechen.
Gezwungen in Einöden, Wüsten, Schluchten und Höhlen zu leben,
von Entbehrungen, Fasten und einsamen Betrachtungen in der Gluth=
hitze der Wüste aufgerieben, hatten sie bedeutungsvolle Träume
und ekstatische Visionen. Ihr Verhältniß zum alten Stammgott Je=
hova gestaltet sich zu einer innersten Vertrautheit und zu energischer
Begeisterung. Sie verhöhnen das Volk, das auf beiden Beinen hinke
und zugleich Jehova und dem Baal diene, sie bieten den Königen
Trotz mit Verachtung des eigenen Lebens. Seuchen, Hungersnoth,
Dürre wird von ihnen benutzt das Volk aufzuregen, auch vor Meu=
chelmord beben sie nicht zurück und selbst mit den syrischen Feinden
konspiriren sie, wenn ihrer Partei daraus Vortheile erwachsen. Vier=
hundertundfünfzig Baalspriester und Hierodulen läßt Elias nieder=
metzeln auf einen Tag, und als der Vorkämpfer der Propheten, der
Blutmensch Jehu, die Kinder und Enkel Ahabs hingeschlachtet und
vor seinen Palast zwei Pyramiden von je 36 Menschenköpfen aus
Ahabs Familie aufthürmt, als er sämmtliche Führer der phönicischen
Partei heimtückisch bei einer Versammlung niedergemetzelt, da ver=
kündigen die Propheten ihm das Wort Jehovas: Weil du gethan
hast, was wohl und recht war in meinen Augen und ganz wie es
mir im Herzen war gehandelt am Hause Ahabs, so sollen deine
Nachkommen bis in's vierte Geschlecht auf dem Thron Israels sitzen.
    Diese Kämpfe zerrütteten das Nordreich. Dazu kamen dann
noch ewige Aufstände ehrgeiziger Feldherren, da eine von altersher
gegründete Dynastie nicht da war. Während in Juda Salomos
Nachkommen unangefochten succedirten, wird hier Nadab gestürzt von
Baesa, dessen Sohn von Simri, Simri von Thibni, Thibni von
Omri u. s. w. Kurz das Nordreich hatte es lang zu empfinden, was
es heißen will, aus der historischen Kontinuität herauszutreten und
sich loszureißen von dem angestammten Herrscherhaus. Dazu berei=
teten die benachbarten Syrer ewige Kriege und erst unter Jerobeam II.
erhob sich das in den Staub getretene Israel wieder zu einer vorüber=
gehenden Blüthe, als die assyrischen Feldzüge die Syrer im Rücken
bedrohten und so Israel noch auf kurze Zeit Ruhe bekam.
    In Juda hatte die Priesterschaft keineswegs mit der Energie
sich dem Götzendienst widersetzt wie die Propheten in Israel. Das
levitische Wesen herrschte hier vor und theils waren diese Leviten mit
ihrem Kult wirklich abhängiger vom Hof, theils war es für ihre
äußerlichen Priesterformen minder wesentlich, ob noch andere Kulte
bestanden, wenn nur der ihre blühte, wenn nur sie Opfer genug be=
kamen und die oberste Stellung im Reich ihnen nicht vorenthalten
blieb. So überließen sie es den Propheten, den Kampf gegen die

Abgötterei fortzuführen, deſſen Früchte ſie dann ſpäter bei günſtiger
Gelegenheit für ſich pflückten. So wurden denn hier und dort die
phöniciſchen Schandtempel errichtet, im Thale Hinnon wurden dem
Moloch jüdiſche Kinder verbrannt und Maecha Königin von Iſrael,
Abſaloms Enkelin, ward ſelbſt Prieſterin in einem Phalluotempel,
den ſie gebaut hatte. Erſt als die Partei der Propheten im Nord=
reich geſiegt hatte und als die abgöttiſche Athalja es wagt, den
Tempel zu Jeruſalem zu Gunſten der Baalstempel zu plündern, da
erheben ſich die Leviten und erringen durch Meuchelmord einen leichten
Sieg, der ihnen aber nur auf kurze Zeit zur Herrſchaft verhilft.
Eine neue Zeit für beide Königreiche begann etwa 800 v. Chr.
unter dem Einfluß veränderter politiſcher Konſtellationen. In Aſ=
ſyrien ward um dieſe Zeit die Dynaſtie der Derketaden geſtürzt.
Der Uſurpator Beletaras fand für gut in Kriegen mit dem Aus=
land ſeine eigene Dynaſtie zu ſichern. Da eroberte er und nach ihm
ſein Nachfolger den größern Theil von Meſopotamien.
  So ſtanden die Aſſyrer an den Uebergängen des Euphrat und Syrien
lag offen vor ihnen da. Es war das eine Diverſion, die den beiden Reichen
zu gut kam. Sie erfreuten ſich nun, ſicher vor den Syrern, eines län=
geren Friedens, in welchem Wohlſtand, Reichthum und Luxus zu=
nahmen, aber auch Ueppigkeit, Götzendienſt und Korruption. In
kurzen ſcharfen Sätzen, wie die Inſchriften von Grabſteinen lautend,
erzählt von da ab das Königsbuch die Thaten der einzelnen Könige
bis zur Wegführung der Iſraeliten (722 v. Chr.) und wiederum
bis zur Zerſtörung des jüdiſchen Reichs (588 v. Chr.) Wir haben
hier nicht die Geſchichte des jüdiſchen Volks zu erzählen, ſondern
wollten nur ein Bild deſſen geben, was das Königsbuch enthält. Auch
treten wir hiermit ein in die Zeit der großen prophetiſchen Litera=
tur; indem wir das Leben dieſer prophetiſchen Männer erzählen und
den hiſtoriſchen Hintergrund ihrer Schriften herzuſtellen verſuchen,
wird ſich Vieles von dem ergeben, was wir an dieſem Ort noch bei
Seite laſſen. Für die Königsbücher aber mögen die gegebenen Ge=
ſichtspunkte hinreichen, die vorliegenden literariſchen Denkmale zu
verſtehen. Es iſt nicht ſchwer ſich mit dem Standpunkt des Ver=
faſſers zu verſtändigen, denn es iſt der einzige Standpunkt, der in
geſchichtlichen Dingen eine tiefere Berechtigung hat, der nämlich, der
an eine göttliche Weltregierung glaubt und darauf hinweiſt, aus welchen
Saaten welche Früchte reifen.

Die Propheten.

  Wenn über die Verhältniſſe der alten Welt viele Mißverſtänd=
niſſe unter uns im Schwange gehen, und eine Fülle von unrichtigen
Vorſtellungen allenthalben im Umlauf ſind, ſo kommt das zum Theil
allerdings daher, daß wir uns in die Eigenthümlichkeiten jener früheren

Zeit nicht versetzen können und unsere modernen Begriffe uns an=
hängen wie der Zopf des Chamisso. Weitaus die gefährlicheren
Mißverständnisse erwachsen aber im Gegentheil daraus, daß wir uns
zuweilen Alles gar zu antik denken, das heißt, daß wir uns aus=
schließlich aus dem Seltsamen und Frembartigen ein Bild der alten
Welt zusammensetzen, das dann so antik wird, daß über dem An=
tiken das Menschliche verloren geht. Sich die nächste beste hellenische
Dirne als eine Antigone vorzustellen, einen griechischen Volksredner
sofort mit weltausschreitendem Faltenwurf vor sich zu sehen, die
Spartaner in lauter Lakonismen, die Athener nur in vollen Perioden
und wohlklingenden Kadenzen reden zu lassen, das ist eine Vorstel=
lungsweise, die sich vorzugsweise eines tiefen Verständnisses der alten
Welt rühmt.

Treten wir dann vollends hinüber auf orientalischen Boden, so
führt uns das wohlmeinende Bestreben, unser occidentalisches Denken
mit „reinem Osten" zu vertauschen oft so weit, daß wir uns inner=
halb einer vollständig subjectiven Mährchenwelt umhertreiben. Aus
bestimmten ägyptischen Eigenthümlichkeiten haben wir uns eine Reihe
von Bildern und Schlagworten geschaffen, bei denen uns ganz ägyp=
tisch zu Muth wird, die aber mit dem wirklichen Aegypten so wenig
zu thun haben, daß uns dieses selbst vielmehr sehr unägyptisch, ja
fast modern vorkommen würde. Unsere Phantasie sieht die Guten
alle am Nil prozessionsweise hinschreiten, in weißen Byssusgewändern
die Männer, jede eine Urne auf dem Kopfe die Frauen, die Brust
von vorn, die Füße im Profil, mit umgedrehten Hälsen, wie wir
das auf den Tempelfresken im Museum oder Atlas ja tausend Mal
gesehen. Wenn man nun heut zu Tage von hebräischen Propheten
redet, so kann man gewiß sein, daß sich die meisten Menschen ein
ganz ähnliches phantastisches Bild zurecht gemacht haben, das aus
der Phantasie zu verdrängen fast unmöglich ist. Weil diese paläsi=
nensischen Demagogen und Staatsmänner, kraft ihres Bewußtseins,
daß Gott es mit dem Guten halte, innerhalb ihrer sonstigen öffent=
lichen Wirksamkeit auch politische Prophezeiungen aussprachen oder
niederschrieben, die uns erhalten sind, so ist man sofort geneigt, diese
Männer als professionsmäßige Wahrsager und Zauberer sich vorzustel=
len, um dann die selbsterzeugte abenteuerliche Vorstellung durch noch
abenteuerlichere oder gar frivole Voraussetzungen zu erklären.

Hüten wir uns, das an sich Frembartige nicht noch seltsamer
zu sehen als es ist. Ein Jesaja, ein Jeremia, ein Ezechiel waren
nicht weißagende Phantasten, wie eigenthümlich uns auch manches
Gewand ihrer Rede und ihres Auftretens erscheinen mag, sondern sie
waren Männer, die die allgemeinen Verhältnisse mit Urtheil und Ver=
stand betrachteten und nach keinen andern Grundsätzen die Zukunft
beurtheilten, als wir auch es thun. Das dagegen wollen wir keines=
wegs leugnen, daß es für uns schwierig ist, uns hineinzuversetzen in
die Geistesverfassung jener älteren Propheten, die dahingerissen von

dem Sturm des Gedankens wie in göttlichem Taumel sich gebehrben und reden. Wir gehen ja doch alle von der Voraussetzung aus, daß Gott auch damals mit seinen Menschen nicht anders verkehrt habe als jetzt — wie erklärt sich nun aber jenes prophetische: „Und es geschah an mich das Wort Jehovas und er sprach", womit die späteren Propheten ihre Reden einleiten, wie erklärt sich jene Ekstase und jenes Ungestüm im Auftreten der ältern? Für das Erstere haben wir nur eine psychologische, für das Letztere nur eine historische Antwort. Wo der Geist — wie bei allen Naturvölkern — noch nicht zur Selbstreflexion gekommen ist, da begegnet es ihm leicht, den Inhalt des eigenen Denkens als einen von außen zugekommenen aufzufassen. Wie etwa uns im Traum unser eigener Gedankeninhalt objectiv wird, so daß es uns scheint, als ob uns Andere ihre Gedanken vortragen, so erscheint auf diesem reflexionslosen Standpunkt das eigene Denken als eine Offenbarung von außen, als etwas, was dem Subject von außen zuweht. Es läßt sich leicht beweisen, wie die Israeliten die Resultate ihrer eigenen Beobachtungen darstellten als Offenbarungen Gottes und sie dafür hielten. So erzählt z. B. Gen. 31, 2, wie Jakob die Bemerkung gemacht, daß sein Schwiegervater ihm grolle, wozu derselbe auch allen Anlaß hatte, und daß Jakob nun für gut fand ihm aus dem Weg zu gehen. Dieses Faktum wird aber berichtet mit den Worten: Jakob sah das Gesicht Labans und siehe es war nicht wie gestern und ehegestern und der Herr sprach zu Jakob: Ziehe wieder in deiner Väter Land und zu deiner Freundschaft, ich will mit dir sein. Ebenso Kap. 35 als die Schandthat an Dina Jakobs Namen verrufen gemacht hatte, da sprach Jehova zu Jakob: mache dich auf und ziehe gen Bethel. Aehnlich schildert der Verfasser des Hiob die Produkte seines philosophischen Denkens als Worte Jehovas, ähnlich verkündigen die Propheten ihre politischen Programme als Offenbarungen des Herrn, die doch — wenn auch ihnen unbewußt — auf einem durchaus logischen politischen Kalkul beruhen. Auf Grundlage dieser allgemeineren Geistesbeschaffenheit des orientalischen Menschen erhebt sich nun das spezifisch prophetische Institut und bildet eine Art von stehendem Verkehr mit dem Göttlichen aus, dessen Willensmeinung zu offenbaren es sich zur Aufgabe macht.

Freilich sind die Propheten älter als dieses schulmäßige Prophetenthum, wie sie sich ja überhaupt unter allen semitischen Stämmen finden, und in der That unterscheiden sich jene früheren Propheten nur wenig von jenen ekstatischen phönicischen Priestern, die in ihrer heiligen Wuth gleichfalls den Willen der Gottheit offenbarten. Jener Bileam, der in seiner Raserei das Gegentheil von dem sagt, was er sagen will, oder Saul, der in der heiligen Wuth sich die Kleider vom Leibe reißt und einen ganzen Tag und eine ganze Nacht nakt auf der Straße lag, sie sind in ihrem Auftreten ganz ähnlich wie jene beschrieben, und in Betreff des psychologischen

Vorgangs ist wohl kaum zwischen ihnen ein Unterschied zu statuiren, mögen auch die bewegenden Gedanken noch so verschieden sein. Doch bildete sich bald eine reflektirtere Weise, bei der die prophetische Erregung das Selbstbewußtsein nicht mehr absorbirte. Nun sollte man freilich denken, daß gerade, wo das Selbstbewußtsein nicht mehr untergeht im Strom der Begeisterung, der Prophet sich wohl gehütet haben müßte, für die Zukunft bestimmte Vorhersagungen zu geben. Allein wer, wie der fromme Israelite, in der unerschütterten Ueberzeugung feststeht, daß es dem Volke wohlgehen müsse, so lange es mit Jehova im Frieden sei, daß aber kein Unglück vorübergehen werde, sobald es von Jehova abfalle, der konnte bei jeglichem Unternehmen nach diesem einfachen Kanon seine Vorhersagung abgeben, ob dasselbe zum Guten oder Schlimmen sich wenden würde. Freilich haben sie selbst darin oft geirrt und wo sie sich auf's Vorhersagen specieller Ereignisse einließen, haben sie das Loos aller Wahrsagung getheilt; aber man ließ sich dadurch nicht irre machen, sondern man tröstete sich wie der Verfasser des Buches Jona theils damit, daß Jehova zuweilen seine Pläne wieder ändere, theils warf man eben in einer einfachen Urtheilsweise, die unrichtigen Wahrsäger unter die Betrüger, wie Jeremia und Ezechiel mehrfach thun, wenn es auch nachweisbar das hebräische Gemüth oft beunruhigte, warum die Prophezeiungen der wahren Propheten so oft täuschen, während die der Baalsdiener zuweilen eintreffen. Jer. 23. Ein schulmäßiges Prophetenthum kam nach den Büchern Samuelis erst unter Samuel und durch seine Fürsorge auf. Doch widmete man sich auch jetzt noch diesem Beruf aus innerem Drang und jeder Prophet spricht von seiner ausdrücklichen Berufung. Entweder sie wurden plötzlich von der Begeisterung erfaßt wie Amos: Der Löwe brüllt, wer sollte sich nicht fürchten? Jehova redet, wer sollte nicht weissagen? Andere wie Jesaja schildern ihre Berufung als prachtvolle Vision, andere als Resultat längerer innerer Kämpfe, wie Jeremia: „Herr Du hast mich überredet und ich habe mich überreden lassen. Du bist mir zu stark gewesen und hast gewonnen, aber ich bin zum Spott geworden täglich und Jedermann verlacht mich". Allerlei phantastische Abzeichen pflegten nun vom Tag seiner Berufung an den Propheten auszuzeichnen. So trug Elias (2. Kön. 1, 8) eine rauhe Haut und einen ledernen Gürtel um seine Lenden. Auch den Inhalt ihrer Prophezeiungen suchten sie durch symbolische Handlungen oder Abzeichen nachdrücklich zu versinnbildlichen. So zerreißt der Prophet Ahia seinen neuen Mantel in 12 Stücke und gibt 10 davon an Jeroboam, zum Zeichen daß Gott dem Jeroboam 10 Stämme zutheilen werde. (1. Kön. 11) So zerschlägt Jeremia (C. 19) einen irdenen Krug vor den Aeltesten des Volks zum Zeichen, daß also Jehova Jerusalem zerbrechen werde. So trug derselbe Prophet zum Zeichen der nahenden Babylonischen Knechtschaft ein hölzernes Joch, und der Prophet Hananja zerbricht es ihm (K. 28) zum Zeichen naher Erlösung. Aehnlich lief Jesaja nakt und baarfuß über die Wälle von Jerusalem zum Zeichen, daß Egypten gefangen würde, weggeführt werden von Sargon dem Affyrer.

Natürlich hatten diese Propheten, die mit so populären Mitteln Demagogie trieben, unter dem Volk einen gewaltigen Einfluß. Schon Saul hatte sich veranlaßt gefunden, einmal ihrer 85 niedermetzeln zu laffen und in den Zeiten der götzendienerischen Könige wurden förmliche Hetzjagden auf sie angestellt. Damals war es, daß die Propheten eine so gewaltige Bedeutung gewannen, indem sie in furchtbaren Kämpfen mit den götzendienerischen Höfen den Jehovacultus vertheidigten und im heftigsten Gegensatz gegen den rohen Götzendienst ihn um so reiner verklärten. Zumal als nun von dem Jahr 800 an in den östlichen Steppen und am Euphrat es sich zu rühren beginnt, da erhebt sich für die Propheten eine neue innere Welt. Neue Länder rücken in ihren Gesichtskreis, ihr Horizont erweitert sich, Jehova ist nicht mehr der Herr ihres kleinen Stammes, der sein Israel nur erhebt über andere Stämme, nein er ist jetzt der Herr aller Völler, er regiert auch die andern, er lockt sie herbei aus der Ferne, und braucht sie als Stecken seines Grimmes, um Israel zu züchtigen. Wie die Welt wächst und größer wird, weil das Auge jetzt weiter reicht, so wird auch die Vorstellung von Jehova erhabener und gewaltiger. Dazu verliert die prophetische Art das ungestüme Wesen von vordem. Seit dem Nachlaffen der Verfolgung und der Prophetenhetze hört auch die Ekstase und der Fanatismus auf und ruhige Vertiefung, klare Betrachtung tritt an die Stelle. Seit der Bürgerkrieg keine Versuchung mehr bot, sich gewaltsam der Regierung zu bemächtigen, seit es keine Könige mehr zu ermorden, keine Dynastieen mehr auszurotten gab, seitdem wendet sich die prophetische Thätigkeit mehr dem Lehren, dem ruhigen Zeugniß zu. Bei einer Vergleichung der demagogischen Thätigkeit des Elias und der des Jeremia läßt es sich am ehesten vergegenwärtigen, wie die Zeiten andere geworden sind und mit ihnen auch das Prophetenthum. Um so eifriger aber gingen jetzt die Propheten jenem andern geistigen Berufe nach, die sittlichen Fundamente des Lebens zu bauen und sich selbst zu versenken in die kühlenden Tiefen des einen göttlichen Grundes. So haben sie nicht nur für ihr kleines Volk als Lehrer, Redner, Staatsmänner gewirkt, sondern sie haben auch in ihren Schriften den nächsten menschlichen Ausdruck dem Göttlichen gegeben, über den hinaus ein näherer nicht gefunden ist. Und das ist es, was sie vor den Demagogen und Politikern der andern Völker auszeichnet, daß sie stets aus diesen Anschauungen heraus das Einzelne betrachten. Die römischen Redner haben zu den Quiriten gesprochen, ein Jesaja aber redet zur ganzen Menschheit. Darum wird Cicero vielleicht noch in den Schulen gelesen, die Donnerworte der Propheten aber reden uns persönlich in's Herz. Denn wer von jenem einen Standpunkt die Welt betrachtet, dessen Wort behält auch noch nach Jahrtaufenden den gleichen Werth, weil es eine Wahrheit gibt, die nie veraltet.

Der Prophet Joel.

Die Zeiten des religiösen. Aufschwungs sind in der Regel auch. Zeiten äußern Unglücks. Daß es den Völkern darin nicht anders gehe als dem Einzelnen erweist sich sehr deutlich in der Geschichte des Prophetenthums. Das prophetische Wesen greift in Israel um sich mit den zunehmenden Gefahren der staatlichen Lage — es erreicht seine höchste Blüthe in den Zeiten der assyrischen Noth und der babylonischen Gefangenschaft und es hört fast plötzlich auf, als die Juden, aus dem Exil zurückgekehrt, unter der milden persischen Herrschaft sich eines im Ganzen befriedigenden und vor allen Dingen gesicherten Zustandes erfreuen. Erst als in den syrischen Kriegen und später wieder unter den Römern sich die gewaltigen Kämpfe um die Existenz des Volks erneuern, erheben auch die Geister der Propheten sich wieder aus ihren Gräbern und es geht die Sage, der alte Elias sei wiedergekehrt.

Es ist bezeichnend, daß das älteste prophetische Buch, das wir besitzen, unter den Eindrücken eines gewaltigen Naturereignisses geschrieben ist, denn von jeher haben gewaltige Naturerscheinungen am unmittelbarsten den Blick des Menschen dem Göttlichen zugewendet. Die Empfindung, das Unglück dort noch unmittelbarer aus Gottes Hand zu erhalten, als wo es Menschen uns bereiten, mag diese Thatsache erklären.

Die Naturerscheinung, die dem Propheten Joel seine Worte in den Mund legte, gehört zu den furchtbarsten Zuchtruthen des Morgenlandes, es ist die Landplage der Heuschreckenschwärme, die wir uns nicht schrecklich genug vorstellen können. Es gibt in den östlichen Steppen, sagt ein bekannter Naturforscher, hauptsächlich zwei Arten von Wanderheuschrecken, eine kleine, 1 1/2 Zoll lange und eine große von zwei Zoll Länge. Beide sind gleich gefräßig und gleich gefürchtet und beide entstehen aus Eiern, welche das Weibchen im August und September legt. Ende April oder Anfang Mai des nächsten Jahres kriechen die Jungen hervor. Sie haben Anfangs keine Flügel, fressen bald ihre Umgebung kahl und begeben sich nun auf die Wanderung; es rafft sich Alles auf und ruschelt über und neben einander weg. Sie gehen immer in einem geraden Striche und lassen durch nichts sich aufhalten; sie klimmen über Zäune und nicht all zu steile Mauern hinauf; sie schreiten mitten durch die Dörfer und durchfluthen die Straßen, sie weichen weder Menschen, noch Vieh, noch Wagen aus und man wadet bis an die Knöchel in

Heuschrecken. In großen Maffen stürzen sie in die Regenschluchten und an den steilen Ufern des Meeres hinab.

„Ein jeder in seinem Wege gehen sie
Und beugen nicht von ihren Pfaden ab;
Und einer den andern drängen sie nicht,
Ein jeder in seinem Steige gehen sie,
Und durch den Wurffpieß fallen sie
Und unterbrechen nicht den Lauf." (Joel 1, 7.)

Der Marsch dieser ungeflügelten Heuschrecken ist noch viel ge= fürchteter als der Flug der alten, denn theils ist es nicht möglich, sie aufzuscheuchen, und es gibt kein Mittel, sie zu vertreiben, theils fressen sie weit gieriger noch als die alten, da sie zum Wachsthum mehr bedürfen. In drei bis vier Wochen sind die jungen Heuschrecken völlig ausgewachsen, haben nach vier bis fünf Wochen auch vollkommen ausgebildete Flügel und fangen als= dann an sich zu erheben. Sie ziehen dann wie schwarze Gewitterwolken in unabsehbaren Schwärmen, in kleinen Heeren von wenigen Millionen, dann aber wieder in unsäglich großen, die man auf einige tausend Millionen schätzen muß. „Dann bricht, wie Joel sagt, ein Tag der Finsterniß an und der Düsterheit, ein nebeldichter, wolkentrüber Tag, wie Morgendunkel hingebreitet auf den Bergen. Es kommt ein Volk zahlreich und stark, wie keines gewesen seit der Urzeit her und nach ihm keines erscheinen wird bei allen künftigen Geschlechtern. Vor ihm her frißt Feuer und Flamme sengt hinter ihm her; wie ein Garten von Eden war vor ihm das Land, und nach ihm ist es eine öde Wüste; und nichts kann ihm entfliehen. Sein Aussehn ist den Pferden gleich, wie Rosse so rennen sie; gleich dem Gekrach der Wagen springen sie über die Bergesgipfel und beugen nicht von ihren Pfaden ab. In die Stadt laufen sie, berennen die Mauer, besteigen die Häuser, kommen durch die Fenster wie ein Dieb. Vor ihnen erbebt die Erde, wankt der Himmel, Sonne und Mond verdüstern sich und Sterne ziehen ihre Strahlen ein." — Die Speise der Heuschrecken bildet Alles, was grün und nicht all zu hart ist, bis auf die Wurzel hinab. Bäume werden zu Gerippen, ihre jungen Zweige werden der Rinde beraubt, die Erde wird vollkommen schwarz. Selbst die Rohrwände menschlicher Wohnungen nagen sie durch. „Der Raupe Rest, sagt unser Prophet, frißt die Heuschrecke und des Heuschrecke Rest frißt der Hupfer und des Hupfers Rest frißt das Flügelthier." Den hungernden Menschen bleibt nichts übrig, als von den Heuschrecken selbst zu leben. Zuweilen faßt der Wind die Schwärme und wirft sie in's Meer. Am Ufer treiben dann Millio= nen Leichen und verpesten die Luft, so daß die furchtbarsten Seuchen entstehen. Augustin erzählt, daß im Königreiche des Masinissa 800,000 Menschen durch die Heuschreckennoth theils an Hunger, theils an der Pest in einem Jahr zu Grund gegangen seien Den Schaden, den sie anrichten, ersetzen sie durch nichts, denn selbst ihr Mist, der oft hoch den Boden bedeckt, düngt nicht, sondern enthält viel mehr giftige Schärfen, die noch den Rest der Vegetation vernichten. Die angeführten Worte des Propheten enthalten die älteste Beschreibung dieser furchtbaren Plage, unter deren schrecklichem Eindruck Joel sich gedrängt fühlte, Worte der Buße und des Trostes an sein Volk zu richten.

Es mag dieser jüdische Mann etwa gelebt haben um 850 vor Christus in einer Zeit, in der die Aegypter, Philister und Edomiten noch die gefährlichsten Feinde Israels waren. Amos, der um 800 schrieb, hat sein Buch schon gelesen und citirt es auch. Als die furchtbare Landplage hereinbrach, trat er als Volksredner auf und schrieb dann später seine mündlichen Vorträge nieder. In den Zeiten der beginnenden Noth hatte er zur Buße ermahnt, in den Tagen der Niederlage und Verzweiflung des Volks fügt er die Verheißung hinzu, daß Jehova sein Volk wieder in Gnaden annehmen werde und als das Hereinbrechen eines starken Gewitters die verheerenden Schwärme theilte und in's Meer hinaus treibt, da jubelt sein Herz auf und die erquickte Stimmung der Seele, wenn nach langer Dürre der Regen seine wohlthätigen Ströme herabschickt, spiegelt sich wieder in der Verheißung, daß Jehova auch über Israel nach all diesen öden, heißen Zeiten einen Tag heraufführen werde, wo er seinen Geist ausgießen wird über das verschmachtete und verlechzte, über das von seinen Feinden zertretene Volk. „Den Verderber will ich entfernen von euch und ihn treiben in ein wüstes, ödes Land, sein Vortrab hin zum Mittelmeer; da steigt denn auf sein Gestank, und aufsteigen soll sein Faulgeruch, weil er großgethan. Fürchte dich nicht o Land! Frohlocke und freue dich! denn der Herr wird großes thun. Fürchtet euch nicht ihr Thiere des Feldes; denn grünen werden die Auen der Trift, der Baum wird tragen seine Frucht, der Feigenbaum und Weinstock geben ihre Kraft. Und ihr Söhne Zions, frolocket und freuet euch über den Herrn, euern Gott! denn er gibt euch den Saatregen zum Segen und sendet euch reichlichen Erguß von Saat- und Erndteregen.“ Aber Joel ist nicht Naturdichter, um des Dichtens willen, sondern er ist vor Allem Prophet und die Noth der furchtbaren Schwärme, die Befreiung durch eines jener tropischen Gewitter, bei denen Himmel und Erde zu wanken scheinen, das Wiederaufleben des Landes unter den erfrischenden Wassergüssen ist ihm nur ein Vorbild der Zukunft Israels. Noch frohlocken jetzt die Schwärme der umliegenden Völker, bald aber wird der furchtbare Gerichtstag des Herrn sie vernichten. „Und dann nach diesem, spricht der Herr, werd ich ausgießen meinen Geist über alles Fleisch, und weißsagen werden dann eure Söhne und Töchter; eure Greise werden Träume haben, eure Jünglinge werden Gesichte schauen.“ „Dann werden jenes Tags träufeln die Berge von Most, und die Hügel werden strömen von Milch und alle Bäche Juda's Wasser führen, indem ein Quell vom Hause des Herrn ausgeht und tränket das Akazienthal.“

Denn das zu verkündigen ermüden die Propheten nicht, daß jenseits der Drangsale, die die Uebermacht der Naturgewalten oder das Andrängen der Feinde bereiten, eine Zeit des Friedens und der Freude liege, die Jehova seinem Volke vorbehalten habe, falls es sich nur wolle weisen und züchtigen lassen. Bald näher, bald ferner steht vor ihrem Auge die goldene Zeit, die ihr Glaube und ihre Hoffnung mit eben solcher Zuversicht vor sich sieht, wie sie die Poesie der klassischen Völker in wehmüthiger Resignation als eine entschwundene schildert.

Der Prophet Amos.

Fünf Stunden südlich von Jerusalem liegt die Wüstentrift von Tekoa, einer jener dürftigen Waideplätze, die das öde Kalkplateau der jüdischen Hochebene hie und da unterbrechen und Hirten und Heerden eine Zuflucht bieten, wenn in der Sommerhitze die übrigen Anger abgewelkt sind. Dort lebte um's Jahr 800 vor Christus, zur Zeit des Königs Usia von Juda und Jerobeam II. von Israel, der Prophet Amos. Er war einer der Schafhirten von Tekoa und beschäftigte sich auch damit Sykomoren zu pflanzen. In seinem engern Vaterlande Juda war es damals mit der Verehrung Jehovas unter dem frommen König Usia eben so wohl bestellt, als es im nördlichen Reiche übel bestellt war. Amos führte bei seiner Heerde ein schlichtes und einfaches Leben, aber die großen Gedanken der Theokratie standen in seltener Reinheit in seinem Herzen geschrieben und in den Bildern der ihn umgebenden Natur fand er ihre Bestätigung. In den stillen klaren Nächten, die der Hirte auf der jüdischen Hochebene zubringt, sieht er das Siebengestirn und den Orion leuchten, er sieht wie die Finsterniß in der Morgenröthe zerfließt und der Tag wieder zur Nacht sich verfinstert. Ueber die dampfenden Berge sieht er Jehova wegschreiten, unten wo die Brandung rauscht hört er den Herrn, wie er dem Meere ruft und es wieder zurückscheucht, Kap. 5, 8—11, kurz er hört überall in dem Pulsschlag der ihn umgebenden Natur das Athmen des göttlichen Geistes und sieht in den Ereignissen seines ländlichen Lebens allenthalben Jehovas leitende Hand. Diese prophetischen Gedanken der Zeit kleidet er dann in Bilder, die insgesammt seinem idyllischen Kreise entnommen sind. Er sieht, wie Jehova zur Strafe den Regen verweigert, so daß die Bewohner von zwei, drei Städten nach einer noch nicht erschöpften Cisterne ziehen, wie das Ungeziefer in die Weinberge fällt, und dürrende Hitze den Anger versengt, wie das Meer die Felder überschwemmt und das Land versalzen zurückläßt. Wie abgefallene Früchte erscheinen ihm die götzendienerischen Israeliten und auch der Tag des Herrn, den er verheißt, wird in Bildern aus seinem Hirtenleben

beschrieben. Aus den Verstecken scheucht die Schlange den Schul=
digen auf, er flieht vor dem Löwen und auf den Bären stößt er, er
will in's Haus und wie er sich hält an der Mauer, faßt ihm die
Natter die Hand. Cap. 5, 19. „Wie der Hirt aus des Löwen Rachen
rettet zwei Schienbeinchen oder ein Ohrläppchen, so werden sich die
Söhne Israels retten, die in Samarien sitzen auf eines Bettes Ecke.“
Die Sonne, heißt es weiter, geht unter am hellen Mittag, die Erde
hebt sich und senkt sich, wie der Nil anwächst und wieder fällt und
in Finsterniß versinken die Lande. Aber auch dieses Dunkel wird
sich wieder hellen durch einen Lichtstrahl von oben und dann kom=
men die Tage: „da reicht das Säen an das Ernten, und das Trauben=
keltern an das Samenauswerfen und die Berge triefen von Most,
und alle Hügel werden davon fließen.“

So spiegelte sich in des Propheten Auge die Welt und so ge=
stalteten sich die prophetischen Gedanken in dem Herzen des Hirten.
Was aber in ihm lebte hat er in einfache rythmische Weisen geklei=
det, die gleichfalls der Schalmei des Hirten, dem Wiederhall in den
Bergen, den Tanzweisen bei den ländlichen Festen nachgebildet scheinen.
Daher die Vorliebe für den Refrain und „den Zauber des tanzenden
Einklangs und Wiederhalls.“

Die sechs ersten Kapitel seiner Schrift enthalten wohl die Reden,
die Amos noch in seiner Heimath den versammelten Nachbarn mag
gesprochen haben. Er hält von seiner Bergeshöhe eine Rundschau
über die umliegenden Gebiete, um über Alles, was zwischen Damas=
kus und Edom liegt, sein Urtheil zu verkünden. „So sagt Jehova:
wegen breier Vergehungen Damaskus und wegen vier nehm ich's
nicht zurück: Weil sie Gilead droschen mit dem eisernen Schlitten,
sondern entsende Feuer in Chazaels Haus und breche Damaskus Rie=
gel. So sagt Jehova: wegen dreier Vergehen Gazas und wegen vier
nehm ich's nicht zurück: weil sie ganze Dörfer fortführten, sie an
Edom zu liefern, sondern entsende Feuer in Gazas Mauern und
rotte aus die Bewohner von Asbod.“

In solcher Weise setzt der Prophet seine Umschau fort. Aber
schon duldet's ihn nicht mehr zu Tekoa, er muß hinauf nach Sama=
rien, um an der Stätte des Götzendienstes selbst zu zeugen wider
ihre Gräuel. „Der Löwe brüllt, wer sollte sich nicht fürchten, Je=
hova redet, wer sollte nicht weissagen?“ Zweimal hatte Jehova auf
Amos Bitten das Volk verschont. „Heuschrecken bildete er, als das
Spätgras wuchs und als sie das Kraut der Erde auffraßen, da sagte
ich „o Herr Jehova verzeihe doch! wie wird Jakob bestehen, da er
so klein ist.“ Reue empfand Jehova über dies; „es soll nicht ge=
geschehen“ sagte Jehova. Da kommt Dürre und Meeresfluth und
frißt den Acker. Da sagte ich „o Herr Jehova lasse doch ab! wie
wird Jakob bestehen, da er so klein ist.“ Reue empfand Jehova über
dies; „auch das wird nicht geschehen.“ Jetzt aber sieht er Jehova
selbst auf der Stadtmauer stehen mit dem Senkblei, und er fragte:

Was siehst du Amos? „ein Senkblei inmitten des Volks Israel." Nicht – will ich noch länger ihm vergeben und öde werde Isaaks Höhen und Israels Heiligthümer verdorrt und aufsteh' ich wider Jerobeams Haus mit dem Schwert!" Da treibt es den Propheten noch seinen Warnruf zu erheben. Er begibt sich nach Bethel, um dort seinen traurigen Ahnungen über das Geschick des nördlichen Reiches einen Ausdruck zu geben. Des Hirten Ohr hört hinten in der Steppe die Hufe der Assyrer, noch haben sie sich nicht hierher gewendet, aber wie wenn sie ihre Richtung wechselten? Er warnt und warnt, aber vergeblich. Die Priester von Bethel erheben sich wider ihn und ein gewisser Amasia verklagt ihn beim König, daß er seinen Tod weissage. „Und es sprach Amasia zu Amos: Seher, auf flüchte dich in's Land Juda und iß dort Brod, und magst dort prophezeien! aber zu Bethel sollst du nicht ferner noch prophezeien, weil's ein königlicher Reichssitz ist. Da sprach Amos: Ich bin kein Prophet, noch eines Propheten Sohn, sondern ein Schafhirt bin ich und ziehe Maulbeerfeigen, da nahm mich Jehova hinter der Heerde weg und es sprach zu mir Jehova: auf, rede als Prophet zu meinem Volke Israel!" Nunmehr gerieth er denn hitzig mit dem Priester zusammen, dem er weissagt, daß er werde verbannt werden, so daß sein verlassenes Weib müsse buhlen gehen und seine Kinder verderben. Auf diese Scene hin verläßt er den Boden von Bethel und verheißt dem sündigen Land baldigen Untergang.

Mit dem Spott des Hirten wendet er sich gegen die Verkehrtheit der Städter, die mit Rossen wollen Felsen pflügen und mit Rindern das Meer; die sich auf weichen Lagern strecken, essen Lämmer von der Heerde und Kälber aus der vollen Mast; die nach der Harfe Laute stümpern, wie David glauben Kunstspiele zu verstehen, die aus Humpen den Wein trinken und mit den besten Oelen sich salben, doch nicht sich grämen über Josefs Schaden. Er sieht den Herrn über dem Altare stehen und er sagt: „Schlage den Knauf, daß die Schwellen beben, und wirf ihn in Stücken auf ihrer aller Haupt! und ihren Rest will ich durch's Schwert tödten, nicht soll fliehen von ihnen ein Fliehender! Wenn sie in die Hölle brechen, von da soll meine Hand sie nehmen und wenn sie zum Himmel steigen, von da werde ich sie stürzen; oder wenn sie in des Karmels Haupt sich bergen, von da werd ich sie erforschen und nehmen!"

Der Untergang bricht nun herein und wird geschildert in den Bildern des Erdbebens, das unter Usia stattfand und große Verwüstungen anrichtete. Nach dieser furchtbaren Zeit aber sieht der Prophet das messianische Reich anbrechen. „Die zerfallene Hütte David" wird wieder aufgerichtet und Israel erhält alle Länder zurück, die es unter dem großen König besessen. „Und ich wende meines Volkes Gefangenschaft, und sie bauen und bewohnen die verwüsteten Städte, pflanzen Weinberge und trinken ihren Wein; und sie legen Gärten an und essen ihre Früchte. Und ich pflanze sie auf ihrem

Boden, und sie werden nicht mehr ausgerissen von dem Boden, den ich gegeben habe, spricht der Ewige, dein Gott."

Der Prophet Hosea.

Wir haben schon früher darauf hingewiesen, daß der syrische Götzendienst auch nach der jüdischen Besitzergreifung nicht nur hier und dort fortbestand, sondern daß mit der Zeit die Israeliten selbst an den wüsten Orgien des Astartekults Gefallen fanden. Als sie ein kräftiges, unverdorbenes Hirtenvolk aus ihrer Steppe hervorbrechend, über die verweichlichten syrischen Stämme waren Meister geworden, da hatte ihr gesunder Sinn die Schaamlosigkeit solcher religiöser Bräuche von sich gestoßen, aber mit der Zeit freilich ergriff das schleichende Gift der Ueppigkeit auch ihr Herz und sie fingen an Gefallen zu finden an der heiligen Prostitution der Astartetempel. Je länger je mehr verfielen die Herzen dem dämonischen Reiz dieses Naturdienstes, dessen Frühlings- und Erntefeste in Israel drohen einheimisch zu werden. "Im Hause Israels sah ich Entsetzliches; da treibt Ephraim Buhlerei, befleckt sich Israel. Auch dir o Juda ist ein Zweig eingepfropft", so ruft ein jüngerer Zeitgenosse des Amos, der Prophet Hosea aus. "Auf den Gipfeln der Berge opfern sie und auf den Hügeln räuchern sie unter Eiche, Pappel und Terebinthe, weil lieblich ihr Schatten. Dort buhlen eure Töchter und brechen eure Schwiegertöchter die Ehe. Doch nicht will ich strafen eure Töchter, daß sie buhlen, noch eure Schwiegertöchter, daß sie ehebrechen; denn ihr selbst geht ja mit Buhlerinen an der Hand und opfert mit den Tempeldirnen." Es war eine furchtbare Gefahr, in der Israel damals schwebte. Vor der Uebermacht der sinnlichen Mächte vermag nur die Religion den Menschen zu schützen, wenn aber die Religion selbst sinnlich wird, wer schützt dann den Menschen vor seinen Göttern? Aber dazu war doch schon eine zu reine Gotteserkenntniß hier und dort in den Gemüthern, als daß nicht Männer sich hätten erheben sollen, denen Jehova um so heiliger und reiner erschien, in je wüsteren Orgien der syrische Kultus sich dem Tageslicht Preis gab, in denen der Eifer um Jehova sich doppelt entzündete, je höher die Flammen der Molochsäulen allenthalben loderten. Schmerzlicher aber hat keiner das dunkle Verhängniß dieser Zeit empfunden, keiner mit heiligerem Eifer die Verirrungen desselben gegeißelt, als Hosea, der Sohn des Beeri, der um 790 seine prophetische Thätigkeit begann. Er vermag nicht zu fassen und nicht auszudenken das Furchtbare; wahnsinnig könnte er werden bei dem Gedanken, daß Israel, das Jehova sich herausgesucht wie eine einzige Traube in der öden Wüste, wie eine Frühfeige im ersten Lenz, daß dieses Israel zum Baal Peor geht, sich der Schande zu weihen und Buhlerlohn liest auf allen Getraidetennen (Cap. 9.) Der unmittelbare Anblick dieser Scenen hat ihm ein Bild eingegeben, das nachmals so berühmt geworden ist. Es ist ihm das Laufen in die syrischen Tempel ein Buhlen mit den Götzen und die Fruchtbarkeit des Landes, die so erzielt wird, ein Sündensold. Wie aber der Götzendienst als Buhlerei, so erscheint ihm die Verehrung Jehovas als die rechte und wahre Ehe — Israel als Jehovas angetrautes Weib. Aber wie getrübt freilich und traurig ist diese Ehe zwischen dem Einen Heiligen und dem buhlerischen Weib, das andern Göttern nachgeht und ihre Kinder zum Moloch hinausführt. Der Heilige liebt dies Weib und dennoch sinkt sie tiefer und tiefer und trägt den Fluch ihres Treibens — „ohne Geburt, ohne Schwangerschaft, ohne Empfängniß — kinderlos, menschenarm." Das Furchtbare dieses Verhältnisses ist es, was dem Propheten Tag und Nacht vor seiner Seele steht und was er in seiner ganzen Nacktheit sich entschließt dem Volk vor's Auge zu führen. „Da sprach Jehova zu Hosea, Kap. 1, V. 2, gehe hin und nimm eine Buhldirne dir zum Weib und Hurenkinder, denn Ehebruch treibt das Land, untreu dem Ewigen. Und er ging hin und nahm Gomer, die Tochter Diblajims." Der Heilige geschmiedet an die Buhldirne, das ist das Bild, das der Prophet Israel täglich zeigen will. Aber die Dirne gebiert Kinder, da nennt er das erste Jesreel — „denn noch ein wenig, so suche ich heim die Blutschuld von Jesreel am Hause Jehus, und mache dem Königthum des Hauses Israel ein Ende" — spricht der Herr. Sie gebiert eine Tochter, da nennt er sie Unbegnadigte — „denn nicht will ich fürderhin gnädig sein dem Hause Israel" — spricht der Herr. Und als sie die Unbegnadigte entwöhnt hat, gebieret sie wieder einen Sohn, da nennt er ihn Nicht — mein — Volk „denn ihr seid nicht mein Volk und ich will nicht der Eure sein." Aber noch ist die ganze Tragödie dieser Ehe nicht vollendet. Im dritten Kapitel ist die Dirne dem Propheten entlaufen, da kauft er sie als Sclavin zurück für 15 Silberstücke und 1½ Scheffel Gerste. „Und ich sprach zu ihr, sagt er selbst, viele Tage sollst du mir sitzen und sollst nicht buhlen, und nicht eines Mannes sein, und auch ich will mich deiner enthalten. Denn viele Tage werden sitzen die Söhne Israels ohne König und ohne Fürst, ohne Opfer und ohne Standbild, ohne Ephod und ohne Teraphim. Nachher werden umkehren die Söhne Israels und werden suchen den Herrn ihren Gott und David ihren König; und werden hinzittern zu Gott und zu seiner Herrlichkeit am Ende der Tage."

Wer war nun aber der Mann, der seltsamer als irgend ein anderer Prophet in seinem Gebahren, die Charakterkraft besaß, selbst das Heiligthum seines Familienlebens zu entweihen, weil er das im Interesse der höheren Heiligthümer fand, für die er kämpfte? Wer war der, der Solches wagen konnte, ohne den Spott wachzurufen, statt des Entsetzens auf das er rechnet? — Denn diese Erzählung — wie man wohl auch schon gethan — als literarische Fiktion oder als Parabel aufzufassen, dafür spricht kein Buchstabe im ganzen Text und wenn auch für eine befriedigende Antwort auf jene Fragen unsere Quellen zu dürftig fließen, so fühlen wir doch aus den übrigen Erzählungen und Reden des Hosea überall heraus, daß wir auf historischem Boden stehen.

Das Wenige was wir von ihm sagen können ist, daß Hosea ben Beeri ein Bürger des nördlichen Reiches war, zu der Zeit des Soldatenkönigs Jerobeam II. und seiner kurzlebigen Nachfolger und in dieser Zeit der Anarchie für die Wiedervereinigung Israels mit Juda wirkend das Panier des Jehovakultus hoch hielt. Aus folgenden Daten geht dies hervor. Sein Horizont ist begränzt von Gilead im Osten, von Thabor im Westen, in Gilgal und Bethel ist er wohl bekannt und Samarien nennt er sehr häufig. Vgl. 5, 1. 6, 8. 12, 12. 4, 15. Dazu ist er mit allen Interessen seines Herzens verflochten in die Angelegenheiten des nördlichen Reichs, wie ein Kind dieses Landes, nicht wie ein Fremder. Die beiden ersten Kapitel seiner Reden fallen noch in die Zeit Jerobeam II. († 784) und kämpfen gegen die gleiche Abgötterei, gegen die Amos, der Hirt von Tekoa, aufgetreten. Mit der Herrschaft des Soldatenkönigs geht es jetzt schon bergab und Hosea sieht unfern die Zeit, „in der sich vereinigen die Söhne Juda's und. die Söhne Israels zumal und sich setzen ein Haupt" (2, 2.) Eine Prophezeiung, die sich freilich nicht verwirklichen sollte, wie schon der zweite Theil des Buches, Kap. 3—14 lehrt. Hier sehen wir den Propheten mitten in der Anarchie, die hereinbrach, als Jerobeams starke Kriegerfaust die Zügel nicht mehr hielt und nach zehnjährigem Interregnum eine Dynastie die andere verdrängte und die Könige Zacharja, Schallum und Menahem nacheinander den Thron erstritten. Hosea verfolgte unbekümmert um der Zeiten Wandel sein Programm, das Wiedervereinigung mit Juda verlangte. Er ist dabei seines Lebens nicht sicher, „des Vogelstellers Netz ist auf allen seinen Wegen" und der Schmerz in der eigenen Brust droht ihm den Verstand zu nehmen, (9, 8.), aber er hält aus mit der Geduld, die nur der Patriotismus zu geben vermag. — Um das Elend voll zu machen, fängt die Partei des Menahem an, sich gegen ihre Widersacher durch ausländische Bündnisse zu sichern. „Wie eine sinnlose Taube fliehen sie nach Aegypten und wie ein wilder Esel, der sich von der Heerde absondert, laufen sie nach Assyrien." Hosea weiß, daß das der Anfang vom Ende sei und weissagt, daß bald genug die Assyrer Israel, wie der Kriegsbrauch der Zeit es mit sich brachte, würden in die Gefangenschaft abführen. In der That erscheint schon um 770 zum ersten Mal ein assyrisches Heer in Efraim, um es zu brandschatzen, doch deuten keine Spuren in unserm Buch darauf hin, daß Hosea dieses Ereigniß noch erlebte. Es war auch genug ohne dies. Der Schmerz der Zeit ist tief durch seine schuldlose Seele gegangen, und selten hat ein Mensch das Elend seines Volkes aufrichtiger als ein persönliches Unglück empfunden

Auf der einen religiös=patriotischen Empfindung beruht das ganze Pathos seines Lebens. Darum läßt er einmal Jehova mit furcht= barem Grimm die Verbrecher heimsuchen, „die Wind säen und Sturm ernten; wie ein Löwe soll er ihnen werden, wie ein Panther am Wege lauern, sie angreifen wie eine verwaiste Bärin" — aber dann ruft er wieder: „O wie könnt ich dich hingeben, Efraim, Dich Preis geben o Israel! Wie könnt ich dich hingeben gleich Adma, dich machen gleich Zeboim!"

So schwanken seine Gefühle hin und her; hülflos steht er vor seinem unglücklichen Lande, „das wie ein Kuchen auf der Flamme ist, den Niemand umwendet." Wie gern möchte er ihnen helfen, aber helfen können nur sie selbst. Er hat kein Mittel, sie zu retten un= versucht gelassen, sein Lebensglück hat er hingeworfen und Wahnsinn droht ihn zu zerrütten — aber helfen können dennoch nur sie selbst. Es liegt eine wunderbare Innigkeit in der Schilderung dieses Leids und wir kennen keinen Ausdruck heiligerer Vaterlandsliebe als die Klagen Jehovas über sein Volk im 11. Kap.:

Als Israel jung war, hatt' ich es lieb
Und aus Aegypten rief ich meinen Sohn,
Sie aber opferten den Baals und räucherten den Götzen.
Und ich doch leitete Efraim am Gängelbande
Und nahm sie auf meine Arme;
Doch sie erkannten nicht, daß ich sie heilte.
Mit menschlichen Banden zog ich sie,
Mit Liebebesfesseln;
Hob auf sein Joch
Und reichte ihm zu essen.

Das ist wahre Empfindung, die aus dem Herzen quillt und zugleich ächte Poesie. Nicht in der Form, aber durch Schönheit der einzelnen Bilder und durch manchen blitzenden Ausdruck ist überhaupt dieser Prophet fast allen anderen überlegen und wer die Mühe sich nehmen will, ihn in einer guten Uebersetzung nachzulesen, der wird manche Perle finden und auch manchen Edelstein, der ihm in anderer Fassung aus dem neuen Testament schon bekannt ist.

Der erste Zacharja.

In die Zeiten nach Jerobeam II. Tod, in denen der Prophet Hosea wirkte, kämpfte und litt, gehört noch ein anderer Prophet, von dem uns eine Rede erhalten, dessen Name uns aber verloren ist. Wir nennen ihn den ersten Zacharja. Das Buch des Propheten Zacharja besteht nämlich aus drei von verschiedenen Propheten her= rührenden Reden. Der älteste Bestandtheil umfaßt Kap. 9 — 11, vielleicht auch die Verse 7—9 im 13. Kapitel, und ist jedenfalls vor der Zerstörung des nördlichen Reichs (722) geschrieben. Ein Jahr=

hundert später sind die drei letzten Kapitel des Buches verfaßt von einem uns gleichfalls unbekannten Propheten, der die Schlacht von Megiddo im Jahr 611 und den Tod des Königs Josia erlebt hat. Und abermals um ein Jahrhundert später die Kapitel 1—8 von Zacharja, dem Sohn Berechias, der im wiederhergestellten Jerusalem unter König Darius lebte und schrieb. Daß jene beiden ältern Stücke an das Buch dieses Zacharja angefügt wurden, rührt vielleicht daher, daß auch jene Männer Zacharja hießen. Der erste Zacharja (Kap, 9—11) lebte, wie sein großer Zeitgenosse Jesaja, im südlichen Reich, aber seine Aufmerksamkeit wendet sich vorzüglich dem Norden zu. Von dort erwartet er die Entscheidung. Was der Hirte von Tekoa bereits geahnt, was Hosea mit deutlichen Worten vorhergesagt, daß die Assyrer sich früher oder später der Küste zuwenden würden, steht jetzt unmittelbar bevor. Der Prophet sieht das Ungewitter von der Steppe her den Bergen zuziehen und bereits hat der Sturm die ersten Wirbel aufgetrieben. Ueber das Verhängnißvolle des bevorstehenden Kampfes gibt sich Zacharja I. keinen Täuschungen hin, aber er sieht dennoch heiterer in die Zukunft als Hosea. Er weiß es, daß der Krieg eine Schule der Tugend ist und wünscht einen gesunden Sturm, darin was schwach und haltlos ist versinkt, aber oben bleibt, was von oben stammt. So erscheint ihm denn die Zukunft mit all ihren Drangsalen, die eben ausgehalten sein wollen, dennoch erfreulich. Die Assyrer, vom Norden herabziehend, werden Damaskus, Tyrus, Sidon und die philistäischen Städte niederbrechen, aber um so eher werden die Stämme dann einsehen, meint der Prophet, daß ihr Gottesdienst ein falscher war und werden sich zu Jehova bekehren. Die Eröffnung dieser Gedankenreihe liegt wohl in Kap. 11, 1—3 wo die Assyrer heranziehen. Der Libanon muß sie einlassen durch seine Pforten. Der Cedernwald geht in Rauch auf: „Die Cypresse klagt, daß die Cedern gefallen sind, die Eichen klagen, daß hingesunken der nie betretene Wald. Die Hirten jammern, daß ihre Pracht verwüstet ist und selbst die Löwen brüllen, daß man den Schmuck des Jordans zerstört hat. Und nun (9, 1) geht's über das Land von Habrach und auf Damaskus senkt es sich herab; über Hamath, das daran grenzt, über Tyrus und Sidon, wo die hochmüthigen Kaufleute sich weise dünken und Geld aufhäufen wie Gassenkoth. Tyrus geht in Flammen auf, in's Meer stürzen ihre Mauern, Askalon sieht's und schaudert, Gaza sieht's und erzittert, zur Wüste werden auch sie, Bastarde hausen in Asdod. Die Philister werden botmäßig und die Bewohner von Ekron wie die Jebusiter." Was bleibt da den heidnischen Stämmen übrig als sich zu Jehova zu wenden? Denn während jenes Gericht sich vollzog, saß Juda geschützt durch seinen Gott im tiefsten Frieden und begrüßt den langersehnten König, der Israel allein zu helfen vermag.

Frohlocke sehr, Tochter Zion, jauchze Tochter Jerusalem! Siehe, dein König kommt zu dir, ein Gerechter und Siegreicher;

Sanftmüthig, und auf einem Esel reitend,
Auf einem jungen Füllen der Eselin.
Dann rotte ich die Wagen aus Ephraim,
Und die Rosse von Jerusalem;
Ausgerottet wird der Kriegsbogen;
Und er verkündet Frieden den Völkern;
Und seine Herrschaft reicht von Meer zu Meer
Und vom Strome bis zu den Enden des Landes.

So unmittelbar vor sich sieht der Prophet die goldene messianische Zeit und nur Eines macht ihm noch Kummer, wie das nördliche
Reich für diese Zeit soll gerüstet werden. Wie es dort zuging, haben
wir im Leben des Hosea gesehen. Auch Zacharja's ganzer Unwille
richtet sich gegen die Zwingherrn, von denen der letzte, Pekah, der
schlimmste ist. Der Prophet faßt sein eigenes Verhältniß zu jenen
Ereignissen zusammen in dem Bilde vom guten und schlechten Hirten,
indem er jene blutigen Häuptlinge als die Herren von Schlachtschafen
darstellt, die ihre Schafe zur Schlachtbank liefern, sich selbst als den
guten Hirten, der sie retten will und darum von dem Herrn verab-
schiedet wird. Wie das Evangelium dieses Bild vom guten und
schlechten Hirten, von den dreißig Seckel Silber, die der Hirte erhält und in den Tempelschatz wirft, auf die Geschichte Jesu gedeutet
hat, werden wir seiner Zeit sehen — hier genügt es auf den historischen Zusammenhang hingedeutet zu haben, in dem die Stelle ursprünglich gemeint war.

Jesaja von Jerusalem.

Die gleichen Ereignisse, die Zacharja beschäftigten, wurden für
einen größeren Zeitgenossen im jüdischen Lande Veranlassung öffentlich aufzutreten. In Juda hatte, während das Nordreich sich im
Bürgerkrieg zerfleischte, ein guter König den Thron inne. „Er liebte
den Ackerbau, heißt es von Usia, und hatte Ackerleute und Winzer
auf den Bergen und große Heerden in der Niederung und grub viele
Brunnen in der Wüste". Daneben hatte er es nicht versäumt für
die Kriegstüchtigkeit seines Volkes Sorge zu tragen. So sah Juda
ruhig zu, wie in Israel sich die Geschicke erfüllten, die schon Hosea
seinen verblendeten Landsleuten vorhergesagt hatte. Der Bundesge-
nosse von Assyrien, König Phul, hatte König Menahem willig unter-
stützt aber dann das Land gebrandschatzt und als er in seine oben
Steppen heimkehrte, führte er aus dem transjordanischen Land einen
großen Theil der Bevölkerung weg und verpflanzte sie theils über
den Euphrat nach Mesopotamien, theils über den Tigris nach Chal-
conitis. Menahem starb ruhmlos und sein Sohn bereits wurde von
Pekah, dem Obersten der Wagenkämpfer, gestürzt. Der Usurpator

führte ein Schreckensregiment ein, so daß der erste Zacharja ihn mit den Worten anläßt:

O Hirt, du nichtswürdiger,
Der die Schaafe im Stich läßt!
Der ein Schwert hat an seinem Arm
Und an seinem rechten Auge!
Sein Arm soll verdorren
Und sein rechtes Auge erblinden!

Muth übrigens und Unternehmungsgeist ließen sich dem neuen Herrscher nicht absprechen. Er trat in ein enges Bündniß mit Damaskus und wäre es gelungen Juda diesem Bündniß hinzuzufügen, so wäre der Kampf mit den Assyrern vielleicht weniger hoffnungslos gewesen. Statt dessen eröffneten aber Pekah von Israel und König Rezin von Damaskus einen Eroberungskrieg gegen Juda.

Dort war im Jahr der Erhebung Pekah's, König Jotham seinem Vater Usia gefolgt 758 —742. Jotham widerstand mit Glück und so lange er lebte scheinen die Verbündeten wenig Erfolg erreicht zu haben. Als aber im Jahr 742 sein Sohn Ahas den Thron bestieg, ein Knabe, den die Weiber beherrschten, wich das Glück von den jüdischen Waffen. Die Damascener bringen jenseits des Jordan tief nach Süden vor und besetzen Elath, die Israeliten im Bund mit den Edomiten und Philistern zerstäuben die jüdischen Heere und Ahas liegt von den Verbündeten eingeschlossen in Jerusalem. Bereits hatten diese beschlossen einen syrischen Großen mit Namen Ben Tabiel (Jes. 7, 6) als ihren Vasallen auf den Thron des Ahas zu setzen. Der Hof zitterte vor dem was kommen sollte und „ihr Herz bebte wie Waldbäume vor dem Wind beben." Man wußte keinen andern Rath, als sich nach Assyrien um Hülfe zu wenden. Damals war es, als dem jungen König auf der Straße nach dem Wäscherfelde ein Prophet entgegentrat, Jesaja, mit seinem Sohn, dem er den symbolischen Namen gegeben hatte: „Der Rest bekehrt sich". Er sprach zu Ahas: „Hüte dich und halte dich ruhig, fürchte dich nicht und sei unverzagt vor diesen beiden Stumpfen verglimmender Feuerbrände; bei Zornesgluth Rezins und Arams und des Sohnes Remalja's, weil Aram Böses gegen dich rathschlagt. Es soll nicht eintreten und nicht geschehen, spricht der Herr Zebaoth." Der Prophet, der hier zum ersten Mal dem Könige persönlich gegenüber tritt, war eine in Jerusalem bekannte Persönlichkeit, Jesaja der Sohn des Amoz.

Jesaja ben Amoz ist uns ein treffliches Bild eines prophetischen Mannes aus dem Zeitalter der assyrischen Kriege. Sein Leben ist so recht dazu angethan, uns in das innere Getriebe des jüdischen Staatswesens einzuführen und uns nach außen über die damalige Weltlage zu orientiren. Er war ein Prophet, wie vor ihm und nach ihm keiner gelebt hat, mit einem Gesichtskreis, der zwei Welttheile umfaßte, mit einer Gabe der politischen Divination, die fast niemals fehl griff, mit einer Energie des Charakters, vor der selbst Könige

zitterten und einer populären Beredsamkeit, der sein Volk weder im
Glück noch im Unglück zu widerstehen vermochte. Zugleich Prediger,
Staatsmann und Demagog war er in allen Beziehungen gleich groß.
Von seinen persönlichen Verhältnissen ist nur das bekannt, daß er
Bürger zu Jerusalem war und Familienvater; im Uebrigen ging sein
Leben in den öffentlichen Angelegenheiten auf. Der prophetische Ruf,
den Joel hörte, als der Himmel sich von Heuschreckenschwärmen ver-
dunkelte, der Amos von der Heerde wegnahm und nach Bethel trieb,
der Hosea erreichte, als er Jehova's Söhne unter den Terebinthen
der Astarte sah, dieser Ruf drang an Jesaja's Ohr im Tempel zu
Jerusalem. Als im Tempel unter dem Halleluja die Mauern sich zu
beugen schienen und wie von himmlischen Heerschaaren das „Heilig,
heilig" der Leviten tönte; als die Schwellen bebten von dem brau-
senden Ruf und Rauchdampf das Haus erfüllte; als die ganze Macht
der Töne und der Eindruck des heiligen Ortes auf seine Brust ein-
stürmte, da öffnete sich sein Auge und er sah Jehova auf hohem und
erhabenen Stuhl, seine Schleppen füllten den Tempel und die Seraphim standen um ihn. (Kap. 6, 1 ff.) Einer rief dem andern zu:
„Heilig, heilig, heilig ist Jehova Zebaoth und alle Lande sind seiner
Ehre voll". Da sprach Jesaja: „Weh mir ich bin vernichtet, denn
ich bin ein Mensch unrein von Lippen und mitten in einem Volk
unreiner Lippen wohne ich und den König Jehova Zebaoth haben
meine Augen gesehen! Da flog einer der Seraphim auf und nahm
mit der Zange vom Altar einen Glühstein und berührte seine Lippen
und heiligte sie und Jehova sendete ihn aus, seinem verstockten Volk,
blind von Augen und taub von Ohren, ein Prophet zu sein. So
ward Jesaja, der Sohn des Amoz zum Propheten berufen. Es war
im Todesjahr des Königs Usia 758 vor Chr. Geburt.

Eine schulmäßige Bildung zu diesem Beruf war bei ihm jedenfalls vorangegangen, wie denn die Schriften des Joel, Amos und
Hosea sichtlich nicht ohne Einfluß auf seinen Stil und seine Geistes-
richtung geblieben sind. Auch liebte er es, die Worte älterer Propheten seinen Aussprüchen zu Grunde zu legen (Kap. 2, 2—4, Kap. 15).
An sich schon ließe sich behaupten, daß eine so kunstvolle, vollendete
Rhetorik nicht ohne Schule und Bildung denkbar ist.

Naturgemäß waren es die inneren Mißstände des jüdischen Lebens,
gegen die er sich zuerst in seinen Reden wendete. Noch lebte man
damals in Jerusalem in dem Vollgenuß des Wohlstandes, den die
weise Regierung des Usia geschaffen hatte. Der Schutz des Hofes
hatte einen glänzenden Tempeldienst gefördert und ein stolzes Priesterthum erzeugt, dem der Prophet die Stirne bietet. Die Handelsbe-
ziehungen hatten dennoch zugleich fremdländische Ueppigkeit und sinnlichen Götzendienst eingeschleppt, dem Jesaja mit gleichem Eifer wie
einst Hosea entgegentritt. Der Reichthum hatte eine hartherzige Aristokratie erzeugt, der der junge Prophet den Kampf ankündigt. Das
leichtsinnige Leben hatte selbst die Weiber verdorben und auch gegen
sie wendet Jesaja die Geißel seiner Rede und seines Spottes.

„Also spricht Jehova, heißt es Kap. 3 V. 16. in einer der frühe=
sten Reden: Darum daß die Töchter Zions hoffärtig sind und gehen
mit gerecktem Halse, und die Augen umherwerfend: trippelnden Ganges
gehen sie und klirren mit ihren Fußspangen — so wird der Herr
den Scheitel der Töchter Zions kahl machen und der Ewige sie der
Schande preisgeben. An jenem Tag wird der Herr' den Schmuck der
Fußspangen wegnehmen und die Sönnchen und die Halbmonde, die
Ohrgehänge und die Armkettchen und die Schleier, die Kopfbunde
und die Schrittkettchen und die Gürtel, die Balsambüchsen und die
Amulete, die Ringe und die Nasenringe, die Feiergewänder und die
Oberröcke, die Mäntel und die Beutel, die seidenen Kleider und die
Hemdchen, die Kopfbinden und die Ueberwürfe. Und statt des Duft's
wird sein Modergeruch, statt des Gürtels ein Strick, statt des ge=
kräußelten Haares eine Glatze und statt des weiten Mantels ein
enger Sack, Brandmahl statt Schönheit. Die junge Mannschaft wird
durch's Schwert fallen, die Soldaten im Krieg und Jerusalem's Thore
werden trauern und klagen: und veröbet wird sie auf der Erde sitzen.
Und sieben Weiber werden einen Mann ergreifen an jenem Tag und
sprechen: wir wollen uns selber nähren und kleiden, nur laß uns
deinen Namen führen und nimm hinweg unsere Schmach".

Gleichfalls auf die innere Schäden der Gesellschaft geht eine
andere Rede des jungen Propheten im fünften Kapitel, in der Israel
als der Weinberg des Herrn dargestellt wird, ein Bild das in alter
und neuer Zeit unendlich oft wiederholt worden ist. Jehova der Herr
des Weinberges bepflanzt ihn mit den besten Reben, hegt ihn, pflegt
ihn und bennoch trägt er Heerlinge. Da wird der Herr zornig, ver=
bietet den Wolken über ihm zu regnen, reißt das Gehäge ein, daß die
Thiere des Feldes ihn abfressen, und die Heerden ihn niedertreten. So
wird das Ende Israels sein.

Man weiß nicht, ist es mehr Drohnug oder Prophezeiung, wenn
hier schon Jesaja auch den Israeliten Wegführung durch die Assyrer an=
kündigt, wie benachbarte Stämme sie erfahren hatten. Jedenfalls
liegt ein bitterer Ernst in seinen Wehrufen über die Zustände seiner
Heimat. Er klagt, daß die Reichen den ganzen Grundbesitz in ihre
Hand bringen, Haus reihen an Haus, Feld an Feld und den Armen
auskaufen; mit Schmerz sieht er auf das üppige Treiben des jungen
Adels; mit Entrüstung auf die Feilheit der Richter, die schwarz weiß
und weiß schwarz heißen und wie mit Wagenseilen die Strafe herbei=
ziehen; bereits aber schweift sein Blick auch hinüber nach Samarien,
das in unbegreiflicher Verblendung die züchtigende Hand Jehova's
nicht erkennen will. Der Prophet zählt all die Züchtigungen auf,
die die letzten Jahre dem Lande gebracht hatten; wie die Leichname
in den Gassen lagen wie Kehricht, aber das Volk bekehrte sich nicht;
wie ihre Städte zerstört wurden und ihre Gefilde verwüstet, aber
die Hochmüthigen sprachen: Backsteine fielen, mit Quadern wollen wir
wieder aufbauen, Maulbeeren wurden umgehauen, Cedern wollen

wir nachpflanzen. Wie die Flamme im Dickicht des Waldes sengt, so daß Säulen von Rauch hier aufsteigen und dort, so war Samarien zu sehen, aber sie fahren fort sich untereinander zu zerfleischen und Juda den Bruderkrieg zu bereiten. Darum hat der Herr jetzt ein gründliches Strafgericht beschlossen durch die Assyrer und nun folgt Jes. 5, 26 die glänzende Beschreibung des assyrischen Reiterheers, wie es über die Steppe herbraust und Israel anfällt. „Aufrichtet Jehova ein Signal für ein fernes Volk und pfeift es herbei von den Enden der Erde und siehe eilend schnell kommt es; kein Müder und kein Strauchelnder ist darunter, keiner schlummert, keiner schläft; seiner Hüfte Gurt löst sich nicht und seiner Schuhe Riemen reißt nicht ab; seine Pfeile sind geschärft und seine Bogen sind alle gespannt. Die Hufen seiner Rosse sind wie Kiesel und seine Räder wie der Sturm. Sein Gebrüll ist der Löwin gleich, er brüllt wie junge Löwen, brummt und packt die Beute und trägt sie fort und Niemand rettet." Es war gleichsam eine prophetische Tradition jener Zeit, daß die Assyrer eine Zuchtruthe für die Sünden Israels seien und schon in diesen ersten Reden hatte auch Jesaja mit ihnen gedroht. Dabei scheint unserer Denkweise eigenthümlich, daß dennoch die Propheten, Jesaja nicht ausgenommen, von Kriegsrüstungen und Wiederherstellung der Festungen nichts wissen wollen. Sie alle fordern vielmehr, daß man alle die Kriegswagen und Reiter abschaffe und weissagen einen Tag, an dem die Burgen auf den Felsen wie abgebürrte Wipfel aussehen und die Festungsstädte wie verlassenes Wüstenland. Es hängt damit zusammen, daß die Organisation eines militärischen Widerstands stets auch Bündnisse mit dem Ausland nöthig machte. Der Prophet theilte den Soldatenstandpunkt nicht, der die höchsten Güter der geistigen Selbstständigkeit daran zu geben pflegt, wenn dafür einiger Erfolg' nach außen errungen wird. Ob Israel Jehova dient, ist ihm wichtiger, als ob es Tribut zahlt, darum will er von einem Bund mit Aegypten so wenig, als von einem Bund mit Assyrien wissen und tritt Versuchen der Art mit Leidenschaft entgegen. Fragte man ihn aber, welches politische Programm er anrathe, so war die Antwort: „Durch Harren und Stillesein, werdet ihr gerettet werden!" Das Unwetter über sich wegbrausen lassen, lieber einem fernen Heiden Tribut zahlen als mit einem nahen Freundschaft schließen und in Allem auf Jehova trauen, das ist sein Programm. Darum erkennt er den fernen Assyrer als Ruthe in Gottes Hand, die nahen Aegypter aber haßt er bitter, weil der Hof in ihnen einen natürlichen Bundesgenossen sieht. Ihm sind im Gegentheil diese Züchtigungen und die materiellen Niederlagen des Landes ganz recht, um so eher werden die übrig bleibenden sich bekehren. Auch die Vorfahren in der Wüste mußten gesichtet werden, dann erst waren die Uebrigen zu gebrauchen. So auch jetzt. „Der Rest bekehrt sich", das ist die Loosung seines Lebens, das ist die Hoffnung seines prophetischen Herzens. Darum ist sein Lieblingsbild der Strunk der gefällten Terebinthe, aus dem ein frischer Schößling emportreibt oder der Schmelztiegel, aus dem ein Körnlein Goldes hervorgeht, während viele Schlacke zurückbleibt; beides ist ihm ein Gleichniß der Zukunft seines Volkes. Darum hat er dem eigenen Sohn den wunderlichen Namen Schear Jaschuf gegeben, das heißt: der Rest bekehrt sich. So war der Mann beschaffen — das war seine seitherige Wirksamkeit, das seine Anschauung — der auf der Straße nach dem Wäscherfeld mit seinem Sohne Schear Jaschuf König Ahas entgegentrat und ihm seinen Rath zurief: Hüte dich und halte Ruhe — „wenn ihr euch nicht bewährt, so werdet ihr nicht bewahrt."

Ahas hatte damals bereits Alles versucht, um das Kriegsglück seinen Waffen wieder zuzuwenden. Er hatte den syrischen Götzen geopfert und geräuchert „auf den Hügeln und unter jedem grünen Baum", ja seinen eigenen Sohn hatte er dem Moloch dargebracht. Unweit Jerusalem stand diesem ein Tempel, davor die kolossale eherne Bildsäule mit dem Stierkopf. In die glühenden Arme, die er wie zum Empfang einer Gabe emporstreckte, legte man den Prinzen, daß er in den mit Feuer gefüllten Schlund der Statue hinabrollte. Aber auch dieses Opfer war vergeblich gewesen. Da als die Noth am höchsten war, versuchte Jesaja, Vertrauen und Glauben auf Jehova zu geben. „Fordere ein Zeichen von Jehova, sagte er dem König, in der Tiefe fordere es, oder hoch in der Höhe!" Der König, der nur an Bündnisse mit dem Ausland dachte, wandte sich verächtlich von dem fanatischen Jehovapropheten. Ich will Jehova nicht versuchen, sprach er mit vornehmem Hohn. „So höre denn, du Haus Davids, erwiederte der Prophet, ist's euch zu wenig Menschen zu ermüden, daß ihr auch meinen Gott ermüdet? Darum wird der Herr selbst euch ein Zeichen geben. Siehe das junge Weib wird schwanger und gebiert einen Sohn und nennt seinen Namen Immanuel (Gottmituns), denn bevor der Knabe wird wissen, das Böse zu verwerfen und das Gute zu wählen wird das Land verödet sein, vor dessen beiden Königen dir graut. Bringen wird Jehova über dich und dein Volk und deines Vaters Haus Zeiten, wie sie nicht gekommen seit der Zeit des Abfalls Ephraim's und Judas. Und locken wird Jehova jenes Tages die Bremse am Nil und die Wespe am Euphrat; die kommen und lagern sich insgesammt auf Israels Höhen und Thälern, im Busch und auf dem Anger. Jenes Tages wird Einer ein Kühlein halten und zwei Schaafe. Und ob der Menge der Milch, die sie geben, wird er Sahne speisen; denn Sahne und Honig wird Jeder speisen, der übrig geblieben inmitten des Landes. Und jenes Tages wird jeder Platz, wo jetzt tausend Reben stehn für tausend Silberlinge, von Dorn und Distel überwuchert. Mit Pfeil und Bogen wird man dorthin gehn, denn nichts als Dorn und Distel wird das Land sein."

Wer das junge Weib gewesen — die Uebersetzung der LXX hat eine Jungfrau daraus gemacht, woran sich dann das Dogma von der unbefleckten Empfängniß des Messias heftete — von dem Jesaja spricht, ob eine Anwesende oder des Ahas oder des Propheten Weib, ist schwer zu sagen. Gewiß ist, daß Ahas auf das versprochene Wahrzeichen wenig Werth legte. Er schickte vielmehr an Tiglatpileser von Assyrien einen Gesandtschaft mit der Bitte, ihm gegen die Verbündeten Syrer und Ephraimiten beizustehn. „Dein Knecht und dein Sohn bin ich, ließ er ihm sagen 2 Kön. 16, 7, komm heran und hilf mir aus der Hand des Königs von Syrien und des Königs von Israel." Reiche Geldsendungen, die dem Tempelschatz entnommen wurden, begleiteten diese Bitte. Mit seiner ganzen Energie fängt nun der Prophet an, dem unsinnigen König, der sich selbst die Assyrer heranzieht, den Krieg zu bereiten. Kein Mittel prophetischer Agitation läßt er unversucht. Auf eine große Tafel schreibt er mit Volksschrift: „Schnell kommt die Beute, es eilt der Raub" und als sein Weib ihm einen Sohn gebiert, gibt er ihm den gleichen ominösen Namen. „Weil dieses Volk, so läßt er sich vernehmen, verachtet die sanftfließenden Wasser Siloahs, darum wird der Herr über sie bringen die großen und gewaltigen Wasser des Euphrat; der steigt über alle seine Betten und tritt über alle seine Ufer, bringt in Juda ein überfluthend und wallend, bis an den Hals reicht er — Gott sei mit uns." Feierlich versiegelte der Prophet, indem er seine Schüler zu Zeugen nahm, diese seine Verheißung, um seiner Zeit erweisen zu können, daß er dem König den unausbleiblichen Erfolg seiner thörichten Politik vorhergesagt habe, aber zugleich eröffnet er dem gläubigen Volk, daß Jehova Israel nicht verlasse. Nein, jetzt wo die Noth am höchsten ist, ist er am nächsten — jetzt wird die Zeit anbrechen, von der alle Propheten geweissagt, jetzt muß aus dem Hause David's der Sprößling erstehn, der Israel wieder zu seinem Rechte verhilft. „Ein Kind wird uns geboren, ein Sohn uns gegeben, und es kommt die Herrschaft auf seine Schulter, und man nennt seinen Namen Wunderberather, Heldengott, ewiger Vater, Friedefürst; zur Wahrung der Herrschaft und zum unendlichen Heile, ob David's Stuhl und seines Reichs, es zu halten und zu stützen durch Recht und durch Gerechtigkeit, von nun an bis in Ewigkeit: der Eifer Jehova's Zebaoth wird dieses thun."

Allein unbekümmert um die Drohungen und Verheißungen des Propheten nahm die hohe Politik ihren Lauf. Die assyrischen Heere zogen heran, ihr König Tiglatpileser an der Spitze. Die Syrer unterlagen und ihre beste Bevölkerung mußte in's Exil nach Armenien an den Kir wandern. Nunmehr machte Israel wenig Arbeit mehr; Pekah beeilte sich seine Unterwerfung anzubieten. Dennoch wurde ein großer Theil des Stammes Naphtali und des Landes Gilead weggeführt. — Jesaja sah seine erste Prophezeiung erfüllt, die Erniedrigung aber, die Ahas über sich nahm, übertraf noch des Propheten schwärzeste Vorhersagungen. Der König begab sich selbst nach Damaskus, um dem Großherrn zu danken. Er mußte die Geräthscha=

ten des Tempels beschreiben, um genug Geld mitbringen zu können. Dort besah er sich den Kultus der Assyrer und ließ sofort im Tempel zu Jerusalem die nöthigen Umbauten anbringen, um nach seiner Rückkehr nach Weise der Assyrer opfern zu können. Zu den syrischen Göhen kamen nun auch noch die der Steppe. Nach Weise der Babylonier diente man jetzt „dem ganzen Heere des Himmels", zu welchem Zwecke Ahas auf dem platten Tempeldach ein „Oberhaus" mit kleinen Altären errichten ließ. Aus Ninive wurden Modelle zu den heiligen Sonnenpferden bestellt und ein kunstvoller Sonnenwagen, der im äußeren Vorhof aufgestellt ward. Es war das die Consequenz der Allianzpolitik, die Jesaja so eifrig bekämpft hatte. Man mochte gelächelt haben über dies utopische Programm des Propheten, das an Stelle der Soldaten Gebete und an Stelle der Bündnisse Gottvertrauen verlangte, jetzt sah man, daß wenigstens seine Warnungen nicht unbegründet gewesen waren.

Es lag in dieser Situation, daß das Ansehen Jesaja's wachsen mußte. In der That fallen in diese Zeit die stolzen, hohen Reden des Sehers über Philistäa, Moab und Deban (Cap. 14, 15, 16, 21), die zeigen, wie seine Autorität im Steigen begriffen ist. Er selbst berichtet 21, 11 von einer Anfrage, die die Wüstensöhne ihm stellen. Zu mir ruft es von Seir her, Wächter wie tief in der Nacht? Wächter wie tief in der Nacht? Sagt der Wächter: Es kommt der Morgen und wiederum Nacht; wollt ihr wieder fragen, so fragt, ein ander Mal wiederkehrend.

Indessen war auf Tiglatpileser im Königspalast zu Ninive sein Sohn Salmanassar gefolgt, der sofort den Entschluß faßte, die Unterwerfung der phönikischen Küste zu vollenden, die der Vater begonnen hatte. Er überzog den tyrischen König Eluläus mit Krieg, eine phönikische Stadt nach der andern öffnete ihre Thore; mit den Schiffen und Mitteln der eigenen Bundesgenossen wurde die Inselstadt belagert. Ihre letzte Stunde schien gekommen.

„Heulet ihr Tarsisschiffe, rief Jesaja damals, Cap. 23, es ist zerstört sonder Haus, sonder Eingang. Aus der Kittäer Land wird ihnen Kunde. Starret, ihr Bewohner der Küste, die der Kaufmann Sidoniens, der Seefahrende füllte! In den weiten Wassern war die Saat des Nil's, die Ernte des Stromes ihr Ertrag; und sie war der Markt der Völker. . . . Ist das eure lärmende Stadt, deren Ursprung in der Urzeit, die da tragen ihre Füße auf Wanderung in der Ferne? Wer hat Solches beschlossen über Thyrus, die Kronenträgerin, deren Händler Fürsten, deren Kaufleute die Angesehenen der Erde? . . . Siehe! das Land der Chaldäer, da das Volk, das keines war, Assur hat es den Wüstenbewohnern geschaffen, das errichtet seine Warten, störet auf ihre Paläste, macht sie zum Trümmerhauf. Heulet, ihr Tarsisschiffe, denn zerstört ist eure Feste."

Eine siebzigjährige Gefangenschaft stellt er weiterhin der Stadt in Aussicht, dann käme sie sich wieder in Erinnerung bringen, wie es im Liedchen von der Meze heiße:

Stimme die Cither, durchwandre die Stadt,
Vergessene Metze du;
Spiele fertig, singe viel;
Daß man Deiner wieder gedenke.

Der Spott kam vor der Zeit. Thrus leistete muthvollen Widerstand; alle Stürme mißlangen. Die Assyrer schnitten den Verkehr
mit der Küste ab, die Kaufleute verproviantirten sich von der See.
Der Feind trennte sie vom Fluß und der Wasserleitung, sie gruben
mit tausend Nöthen Brunnen in der Stadt und legten Cisternen an,
die die Regentropfen sammelten. Nach fünf Jahren zogen die Assyrer
unverrichteter Sache ab und die Inselstadt war gerettet.

Vielmehr sollte auf Juda selbst der Streich niederfallen, der
Thrus gegolten hatte. Kurz nach Ahas Tod, als Hiskia den Thron
bestiegen hatte, brachen die assyrischen Horden über Juda herein, wie
das erste Kapitel des Jesaja beweist. „Euer Land ist eine Wüste,
sagte damals der Prophet in einer seiner Bußreden, eure Städte
von Feuer versengt, euer Boden — vor euch verzehren Barbaren
ihn und eine Wüste ist's, wie wenn Barbaren ihn umkehrten! und
übrig ist die Tochter Sion wie eine Hütte im Weinberge, wie eine
Hängematte im Gurkenfeld — wie eine belagerte Stadt. Hätte
Jehova Zebaoth uns nicht einen kleinen Rest gelassen — wie Sodom
wären wir, Gomorrha glichen wir." Jetzt denn, da die Folgen
der Fremdländerei sich in ihrer ganzen Bitterkeit einstellten, jetzt hatte
man es sehr eilig, sich mit Jehova auszusöhnen. Die Höhen wurden
abgeschafft, die Säulen zerbrochen, die Astarten ausgerottet, selbst
die sogenannte eherne Schlange des Mose zertrümmert. Tag und
Nacht stieg der Opferrauch im Tempel auf und in eitler Vielgeschäftigkeit suchten Leviten und Priester Jehova zu versöhnen. Wohl-
verdienten Hohn schüttete damals Jesaja über das thörichte Volk
und seine wichtigthuenden Priester aus, vielleicht das Stärkste, was
je gegen Tempeldienst und Pfaffenthum ist geredet worden. „Hört
Jehovas Wort ihr Häuptlinge von Sodom, merk auf die Lehre unseres Gotts du Volk von Gomorrha! Was soll mir die Menge
eurer Opfer, sagt Jehova, satt bin ich der Gaben von Widdern und
Mastkälbern und Blut von Farren und Lämmern und Böcken hab
ich nicht gern; wenn ihr vor mir zu erscheinen kommt: wer hat
das von euch verlangt, meine Vorhöfe zu zertreten? Ihr sollt nicht
ferner bringen Speisopfer von Sünde, Rauchwerk von Greuel ist
das mir; Neumond und Sabbath, Feste feiern — ich mag nicht
Frevel und Feier; — eure Neumonde und Feiertage haßt meine Seele,
sie sind mir zur Last, bin müde, sie zu tragen, und wenn ihr eure
Hände ausbreitet, verhüll' ich meine Augen vor euch, auch wenn ihr
viel betet höre ich nicht: eure Hände sind voll Blut! Wascht euch,
reinigt euch, thut euer sündig Wesen weg von meinen Augen; höret
auf Böses zu thun, trachtet nach Gutem, sucht Recht, leitet den Ungerechten; richtet den Waisen, führt der Wittwe Sache!"

Das war die Anerkennung, die der Prophet der über Nacht eingetretenen Frömmigkeit zollte. Der Erfolg lehrte, daß er sie richtig tarirt hatte. Ein Friedensschluß hatte kaum den Drangsalen ein Ziel gesetzt, als man sich auch sofort in Jerusalem wieder dem alten Taumel hingab. Wahrscheinlich bei der Ausgelassenheit des Friedens= festes schleuderte darum Jesaja die Rede des 22. Cap. gegen die thörichte Menge, die mit den vernichtenden Worten beginnt: „Was habt ihr denn, daß ihr insgesammt die Dächer besteigt? Du von Lärm erfüllte, du tobende Stadt, lärmende Burg? Deine Erschlagenen sind nicht Schwerterschlagene, nicht Getödete im Streit. All deine Richter fliehen zumal; sonder Bogen sind sie gefangen; alle deine Männer sind gesammt gefangen, von fern her flohen sie. Darum spreche ich: schaut weg von mir, ich will bitter weinen; bringt nicht in mich, um mich zu trösten ob dem Verderben meines Volkes. Denn einen Tag der Verstörung und Verwüstung und Verwirrung hält der Herr Jehova der Heerschaaren im Thal der Schau, der zertrüm= mert die Wand und schallt an den Berg!"

Jesaja wußte am besten, wie wenig ein Friedensschluß unter solchen Verhältnissen sagen wollte. Gerade jetzt, wo die Masse jubelt, übersieht er das ganze Elend seines Volkes und Thränen preßt es ihm aus. Aber er ist nicht der Mann, es bei müssigen Klagen be= wenden zu lassen. Die Führer jener heillosen Politik sollen ihn auf dem Kampfplatz finden und die Waffen kennen lernen, mit denen Jehovas Propheten fechten.

Alle Gluth seiner Redekunst und alle Mittel seiner prophetischen Agitation läßt er von nun an gegen sie spielen. Im Kampf seines Lebens beginnt jetzt die heißeste Zeit. Je mehr er schon gilt, um so mehr kann er wagen und der Ernst der Lage rechtfertigt Vieles.

Die hohe Politik hatte ihre Begeisterung für Jehova bereits wieder vergessen. Man arbeitete vielmehr mit Eifer in jenen Krei= ßen auf ein Bündniß mit Aegypten hin, das gegen Assyrien einen Rückhalt bieten sollte. Schebna, der königliche Kämmerer, vielleicht selbst ein Aegypter, ein Ausländer jedenfalls, war der Hauptträger dieser Bestrebungen und er war auch der Erste, der Jesaja in den Weg kam. Vor den Thoren Jerusalems ließ sich der Hausmeister nach ägyptischer Weise ein Felsengrab aushöhlen, wo einst seine Mumie ruhig schlafen könne, da tritt ihm der Prophet entgegen: „Was hast du hier und wen hast du hier, daß du dir hier ein Grab aushaust, du der die Höhe zu seinem Grabe aushaut, und in dem Felsen sich eine Wohnung aushöhlt? Siehe Jehova will dich schleu= dern, schleudern du Mann, und dich packen packen, wird dich wickeln zum Knäuel aufwickeln, wie einen Ball in die endlose Steppe; dort wirst du sterben und dort deine herrlichen Wagen, du Schmach des Hauses deines Herrn! So stoße ich dich von deiner Stelle, aus deinem Standort wird er dich vertilgen. Doch dann an jenem Tage da rufe ich herbei meinen Diener Eljakim, den Sohn Hillia's und

bekleide ihn mit deinem Rocke, und mit deiner Leibbinde gürte ich
Ihn und deine Herrschaft übergebe ich ihm, daß er ein Vater wird
Jerusalems Bewohner und Jerusalems Hause.‘

Ob die Assyrer wirklich den Feind ihrer Politik wegführten,
wissen wir nicht, aber Eljakim wurde in der That Schebna's Nachfolger, freilich ohne Jesaja's Hoffnungen zu erfüllen. Seine ganze
Verwandtschaft hängte sich an ihn und Nepotismus brachte ihn zum
Fall. Jesaja hat in einem Anhang zu dem Orakel über Schebna
diesen Verlauf nachträglich dargestellt in dem Bilde, wie sich an den
eingeschlagenen Nagel Eljakim so viel Geräthe seines Vaterhauses
hängt, daß die Wand nachgibt, und der Nagel sammt den Geräthen
herabstürzt. —

Auch in Betreff der Politik trat keine Aenderung ein. Jesaja
28—32 enthält die Reden, die der Prophet damals gegen die ägyp-
tisch gesinnten Großen hielt, denen sich selbst Leviten und Propheten
zugesellt hatten. So stand Prophet wider Prophet. Er wiederholt
auch jetzt sein altes Programm: Durch Stille und Ruhe sollt ihr
gerettet werden, in Frieden und Vertrauen wird eure Stärke sein.
Und in der That war das ruhige Zuwarten gewiß klüger, als durch
ein Bündniß mit dem unzuverlässigen Aegypten die Assyrer aufs Neue
zu reizen. Von Jehova allein, der Israel eine Zeit der Herrlichkeit
versprochen hat, erwartet Jesaja die Hülfe. „Aegypter sind Menschen
und nicht Gott, ihre Rosse Fleisch und kein Geist und Jehova wird
seine Hand recken, daß der Helfende strauchelt und der Geholfene
fällt, und zusammt sie alle vergehen. Dann aber wird Jehova
herabfahren im Heere auf den Berg Sion und auf dessen Hügel;
wie fliegende Vögel, so wird Jehova der Heere Jerusalem beschirmen,
beschirmen und so erlösen, vorüberziehen und so erretten." 31, 1—5.

Der Widerstand, den Jesaja damals allen Versuchen, sich mit
Aegypten zu verbünden, leistete, war von Erfolg und ihm ist es
wohl zu verdanken, wenn Salmanassar, der bald darauf Samarien
zerstörte, Jerusalem für dieses Mal verschonte. Aber freilich mit
jener Katastrophe wurde der Druck der assyrischen Nachbarschaft immer
schwerer und unerträglicher. Zu Ninive war es eine beschlossene Sache,
der ägyptischen Großmacht die Spitze zu bieten, da man in ihr die Ursache sah, warum die Küstenvölker so wenig botmäßig waren. Das
kleine Juda lag allein noch zwischen den beiden großen Reichen.
Als Salmanassar gestorben war, eröffnete Sargon den Krieg. Sein
Feldherr Tartan schickte sich an, den Schlüssel zu Aegypten, das
philistäische Asdod zu erobern. Unter ägyptischer Beihülfe wehrten
sich die Philister mannhaft und erst nach 3. Jahren gelang es dem
Assyrer ihre Mauern zu brechen. Die Juden hätten damals, während das Glück der Waffen schwankte, gern in Gemeinschaft mit
Aegypten den Kampf gegen die verhaßten Dränger aufgenommen,
aber während die Parteien sich hin und wider stritten, pflegte Jesaja „entkleidet und barfuß", nach Weise der Gefangenen, sich vor

das Volk zu stellen und verkündigte als Spruch Jehovas: „Wie mein Diener Jesaja entkleidet und barfuß einhergeht als Zeichen über Aegypten und Aethlopien, so wird der König Assurs die Jüng⸗ linge und Greise Aethiopiens aufführen. Und es sagt der Bewohner dieser Küste an jenem Tag; sieh so geht's unserer Hoffnung, wo⸗ hin wir um Hülfe flohen uns zu retten vor dem Könige Assur's: und wie sollten wir entrinnen!"

Dieses seltsame Mittel machte Eindruck. Juda blieb neutral und vermied es für diesmal in die Niederlagen Aegyptens herein⸗ gezogen zu werden. Aber der Verdacht in Hiskias Gesinnung war freilich durch jene Verhandlungen im assyrischen Hoflager gemehrt worden. Als der Nachfolger Sargon's, Sanherib, den lang vor⸗ bereiteten Angriff auf Aegypten selbst ausführte, da wurde Juda wie ein erobertes Land behandelt. Auch Jesaja änderte damals seine Sprache gegen den Reichsfeind. „O Assur, ruft er (Kap. 10 bis 11.) Stecken meines Zornes und Ruthe meines Grimms! gegen unheili⸗ ges Volk entsende ich ihn und wider Leute meines Grimmes bestelle ich ihn, Beute zu erbeuten und Raub zu rauben, und es wie Koth der Gassen klein zu treten. Doch er denkt nicht also und sein Herz rechnet nicht also, sondern zu zerstören steht in seinem Sinne und auszurotten nicht wenige Völker, da er sagt: sind nicht meine Fürsten sämmtlich Könige? ist nicht wie Karkemisch Kalno: oder nicht wie Arpad Hamat? oder nicht wie Damask Samarien? wie meine Hand zu den Götzenländern reichte, deren Bilder doch mehr sind als die von Jerusalem und von Samarien, so will ich die Frucht des Hochmuths des assyrischen Königs und das Rühmen seiner stol⸗ zen Augen untersuchen, daß er sagt „durch meine Handkraft that ich's, und durch meine Weisheit, weil ich verständig bin..... Rühmt sich denn die Art gegen den, der sie führt oder die Säge gegen den, der sie schwingt, als ob der Stab schwänge den ihn Hebenden oder als ob die Ruthe hübe den der kein Holz!" Strafe für diesen Ue⸗ bermuth kündet darum der Prophet und Erlösung für Israel. Ge⸗ nug ist's jetzt der Drangsale und Jehova wird nun sein Wort auslösen und den Retter bringen, den er schon lang verheißen hat: „Keimen wird ein Reis aus Isai's verwettertem Stamme und ein grüner Zweig aus seinen Wurzeln schwellen, und es ruhet auf ihm Jehovas Geist, der Geist von Weisheit und Einsicht, der Geist von Rath und Tapferkeit, der Geist von Erkenntniß und Furcht Jeho⸗ va's; und sein Athmen ist in Jehovas Furcht, und nicht nach dem Schein richtet er, noch nach Hörensagen entscheidet er, sondern rich⸗ tet nach Recht Gedrückte, und gibt nach Billigkeit Entscheid den Leidenden der Erde, und schlägt die Erde mit seines Mundes Stabe und ⸗tödet durch seiner Lippen Hauch den Frevler. Da kehrt der Wolf beim Lamme ein und der Parbel lagert beim Böcklein, und Kalb und Löwe und Rind zusammen. Ein Kind leitet sie. Kuh und Bärin werden weiden zumal, zusammen lagern ihre Jungen. Löwe

und Rind frißt Stroh und ein Säugling streichelt der Natter Fühl=
horn und nach des Basilisken Licht streckt der Kleine seine Hand."
So zuversichtlich waren die messianischen Hoffnungen des Pro=
pheten damals. Auch als König Tirhaka von Aethiopien durch eine
feierliche Gesandtschaft in Jerusalem sein Bündniß und seine Hülfe
anbietet, gibt Jesaja (Kap. 18.) die zuversichtliche Antwort: die
große Entscheidung werde nächstens auf den Bergen des heiligen
Landes erfolgen. Eine Entscheidung, freilich anderer Art, kam bald
genug. Sanherib sandte bald darauf, 6 Jahre etwa nach Sama=
riens Fall, seine Heere auf's Neue gegen Aegypten; sie hatten
die wasserlosen Wüsten im Süden-Palästinas durchzogen und irgend
ein unvorhergesehenes Unglück nöthigte sie zum Rückzug. Die ägyp=
tischen Priester rühmten sich, durch ein wunderbares Mittel den
Feind ohne Schwertstreich vertrieben zu haben. Alle Waffen der
Assyrer, erzählt Herobot, seien in einer Nacht durch Mäuse zer=
fressen worden. Allein die rückfluthenden Armeen warfen sich nun
über Juda. Der Schlag kam in Jerusalem ganz unerwartet. So=
bald Hiskia hörte, daß Sanherib von Südwesten her alle festen
Plätze Juda's einnehme, sandte er eine Gesandtschaft, die sich be=
müthig zu Tribut erbot. Der Assyrer nahm den Tribut, „alles
Silber, das sich fand im Hause Jehovas und in den Schätzen des
Königshauses," und sendete dann dennoch seine Feldherrn Tartan,
Rabsaris und Rabsake, um Jerusalem zu besetzen. In höhnischen
Reden forderte Rabsake die Jerusalemiten zur Uebergabe ihrer Thore
auf und warnte sie vor ihrem thörichten Vertrauen auf das Ein=
greifen Jehova's, „Wo sind die Götter von Hemath und Arpad?
Wo die Götter von Sepharvaim, Hena, und Iva, daß sie Sama=
rien gerettet hätten aus meiner Hand?„ Und das Volk schwieg still,
und antwortete kein Wort". (2. Kön. 18, 35. 36.) Als Hiskia
die Nachricht empfing, sandte er die zwei ersten Minister und Priester=
ältesten an Jesaja mit der Anfrage, ob Jehova jetzt helfen werde?
„Auf dem Wege auf dem es gekommen, wird Assur umkehren und
in diese Stadt nicht kommen, spricht Jehova, und ich schütze diese
Stadt sie zu retten, um meinetwillen und um David's meines Die=
ners," so lautete die Antwort des Propheten (37, 35,). In der
That kam sofort die Meldung von Anmarsch der Aethiopier. Ein
zweiter Drohbrief Sanheribs war nur ein ohnmächtiger Versuch
sich hinter den Mauern Jerusalems zu decken. Eine abergläubische
Angst vor den Aethiopiern herrschte seit dem letzten Unfall im assy=
rischen Heer. Dazu brachen über Nacht furchtbare Seuchen aus;
„Der Engel Jehovas ging aus und schlug im Lager der Assyrer
hundert und fünfundachtzigtausend Mann. Und als man sich des
Morgens früh aufmachte, siehe da waren sie alle todte Leichen.
Da brach Sanherib, der König von Assyrien, auf und zog
fort, und kehrte zurück, und blieb in Ninive. Und als er anbetete
im Hause Nisroch's, seines Gottes, schlugen ihn Abrammelech und

Sorezer, seine Söhne mit dem Schwert; sie aber entrannen ins Land Ararat. Und Asarhaddon, sein Sohn, warb König an seiner Statt." (2. Kön. 19, 35.)

Selten hat der Rückzug eines geschlagenen Heers folgenschwerer in die Geschichte eingegriffen. Das Juda, das eben noch dem Untergang geweiht schien, erhebt sich wieder aus dem Staub, um dem sinkenden Großreich noch den Todesstoß zu geben. Damals, als die jüdischen Heere den zersprengten Rückzüglern nachsetzten, dichtete Jesaja drei Siegeshymnen (Ps. 46. 47. 48. vgl. Hitzig Psalmen 1863.), die das Psalmbuch erhalten hat. „Kommt, ruft er Juda zu, schauet die Thaten Jehova's, wie er Zerstörung wirkte auf Erden, Kriege schwichtigend bis an's Ende der Erde, Bogen zerbrach, Spieße stumpfte, Wagen verbrannte mit Feuer! Umwandelt Zion ringsum, zählet seine Thürme, beachtet seine Graben, mustert seine Palläste, auf daß ihr's verkündet dem künftigen Geschlecht! denn dies ist Gott, unser Gott immerdar, er wird uns führen!"

Noch fünfzehn Jahre freute sich Hiskia der neuen Blüthe seines Reichs und Jesaja sehen wir im engsten Verkehr mit ihm. Er ist sein Arzt am Krankenlager und sein Berather in Staatsgeschäften. (vgl. die anmuthigen Sagen Cap. 38. u. 39.).

Des greisen Propheten Testament, der nun vier Könige überlebt hatte, steht im 19. Kapitel des nach ihm genannten Buches. Die Zertrümmerung der assyrischen Oberherrschaft, die beginnende Auflösung sogar des assyrischen Reichs, der Bürgerkrieg in Aegypten unter dem Priesterkönig Sethos und die Bewegungen der Dodekarchie geben ihm das Bewußtsein, daß es mit dem Heidenthum überhaupt nun ein Ende habe. Eine bitter satirische Beschreibung des Staatslebens und der Religion am Nil ist der Inhalt dieser letzten Rede, die mit der Verheißung endet, daß wie Assyrien, so auch Aegypten nun zerfalle, damit beide zu Jehova sich wenden, der allein heilen kann. „Dann wird eine Bahn sein aus Aegypten nach Assyrien, der Assyrer kommt nach Aegypten, der Aegypter nach Assyrien, und es huldigen die Aegypter mit den Assyrern. An jenem Tag wird Israel das Drittheil sein zu Aegypten und zu Assyrien, zum Segen inmitten der Erde, womit es Jehova der Herr segnet sagend: gesegnet sei mein Volk Aegypten und meiner Hände Werk Assyrien und Erbe Israel!" So schaut der Prophet mit innerster Versöhnung selbst auf den Feind, den er sein Leben lang am bittersten bekämpft. Denn das ist das Resultat seines Lebens und seiner Erfahrungen, daß auch die Heiden auf die Straßen des Heils sollen geleitet werden und eingehen in's messianische Reich und es ist wahrhaft erhaben zu schauen, wie der Mann, der ein Menschenalter hindurch Haß gegen Aegypten gepredigt, mit der Segensverheißung über den alten Feind aus der Welt geht. Wahrscheinlich bald nach Hiskia und Sanherib starb auch er. Die Sage hat noch durch einen Märtyrertod unter dem götzendienerischen Manasse diesem Leben den letzten

Kranz hinzuzufügen versucht. Sie brauchte einen Abschluß für dieses große Leben. Wie sie Elias auf feurigem Wagen entführt, nachdem sein ganzes Leben vom Sturmwind getragen war, so sollte Jesaja blutig untergehn, nachdem er unter vier Königen den Mächtigen im Kampf getrotzt.

Der Prophet Micha.

Wir haben das Leben des Jesaja vielleicht ausführlicher beschrieben als sich mit dem Zweck dieser Blätter zu vertragen scheint, allein wir wollten an einem Beispiel wenigstens das ganze Bild eines prophetischen Lebens geben. Um so kürzer werden wir das Folgende behandeln können.

Ein jüngerer Zeitgenosse des Jesaja war Micha, im weitern Sinn mag man ihn einen Schüler desselben nennen, da er in der That Vieles von ihm gelernt hat. Dieselben Sorgen, die Jesaja bewegen, trägt auch er in sich herum, nur daß er in noch hitzigere Kämpfe mit den falschen Propheten und Priestern verwickelt ist als jener und sich noch bitterer über die Stumpfheit des Volkes zu beklagen hat. „Predige nicht!," predigen sie, „man soll hierüber nicht predigen! nie hören auf die Schmähungen!" Wenn ein Mann, der da wandelt in Ränken, löge: ich will dir weissagen von Wein und Getränken! so wäre der der Prophet dieses Volkes." 2, 11. Freilich diese Propheten sind auch danach. Es ist die nie aussterbende Race, „die predigen es solle wohl gehn, wo man ihnen zu fressen gibt; wo man ihnen aber nichts in das Maul gibt, da predigen sie, es müsse ein Krieg kommen." 3, 5. Auch den Kampf gegen die Priester, der Jesaja so bittere Worte (Kap 1.) eingegeben, ist Micha nicht erspart geblieben und auch er frägt sie: „Hat Jehova an tausend von Widdern Gefallen, an zehntausend von Strömen Oels? Soll ich meinen Erstgeborenen geben als meine Schuld, die Frucht meines Leibes als Sühne meiner Seele? (Wie nämlich unlängst Ahas gethan.) Es ist dir gesagt, fährt dann der Prophet fort, ob Mensch, was gut sei, und was der Herr von dir fordert, nehmlich Gottes Wort halten, und Liebe üben, und bemüthig sein vor deinem Gott!" Das ist das einzige Gebot, was Jehova verlangt statt der tausende der Leviten und Propheten und weil dieses mit Füßen getreten wird, darum wird Israel zerstört werden, „Zion als Feld gepflügt, Jerusalem zu Trümmern werden und der Tempelberg zur Waldeshöhe." Es ist das erste Mal, daß hier die Weissagung auftritt, auch Jerusalem und der Tempel müsse fallen und Israel nach Babel wandern. Wohl der Untergang Samariens hat diese Prophezeiung an die Hand gegeben, an die sich jedoch, in der Weise des Jesaja, sofort die messianische Weissagung anschließt. Aus Babel wird Israel zurückkehren, eisern wird Jehova Zions Horn

machen und ehern seine Klauen, daß es alle Völker zermalme. Nur
so lange solle die Noth dauern, bis zu Bethlehem die Gebärende
geboren, „dann steht er da und weidet mit Jehovas Macht, mit der
Hoheit des Namens Jehovas seines Gottes; sie aber siedeln, denn
dann wird er groß sein bis zu der Erde Grenzen!" Sowohl die
Beziehung auf die Gebärende als die auf das ältere Orakel 4, 1
hat Micha aus Jesaja entlehnt; auch sonst klingen Jesajas Gedanken
und Ausbrücke wieder. Er ist ein Planet der großen Sonne und
soll darum hier auch nur kurz neben ihm erwähnt sein.

Die älteren Psalmen.

Mit dem Zusammenbrechen der assyrischen Großmacht beginnt
für das jüdische Volk eine durchaus andere Zeit. Der israelitische
Bruderstamm ist untergegangen und die Veröbung seiner ehemaligen
Wohnsitze ist für Juda ein stetes Warnungszeichen. Die äußern Gefahren kommen jetzt von ganz anderer Seite, so daß sich bald große
Veränderungen in Juba vollziehen, von denen wir später werden zu
handeln haben. Um so mehr müssen wir jetzt Eines noch nachholen,
was wir bis jetzt zur Seite gestellt, nämlich die Geschichte der ly-
rischen Poesie bis in die Zeiten des Jesaja.

Wir beginnen mit den Stücken des Psalmbuchs, die vor dem
Jahre 700 entstanden sind. Die Ueberschriften der spätern Sammler
legen irrthümlich die Mehrzahl dieser Psalmen David bei, was zwar
für den einzelnen Fall nichts beweist, aber die Meinung, daß David
fast alle diese Psalmen gedichtet habe, konnte sich, mit Hitzig zu reden, nicht
wie eine Luftblase erzeugen, sondern füglich nur dann entstehen, wenn
wenigstens einige derselben von ihm herrührten.

Er, „der geistreichste Mensch, den das alte Israel hervorgebracht
hat", ist auch der Aelteste, dem das Psalmbuch — von Pf. 90 abgesehen — Lieder zuschreibt, und die Kritik hat keinen Grund über
dieses Datum hinaufzugehen. So ist er als Stifter der Psalmpoesie
anzusehen. Schon als Hirte hat er in der Einsamkeit der Steppe
Lieder gedichtet und auch später lag bei ihm neben Schwert und Krone
stets die Harfe. In seine Jugend noch, wenn auch nicht gerade in sein
Hirtenleben, fällt der schöne 19. Psalm: „Die Himmel erzählen die
Ehre Gottes und die Veste verkündiget seiner Hände Werk. Ein
Tag sagt es dem andern und eine Nacht thut es kund der andern".
— Die Aehnlichkeit mit andern Davidischen konstatirt diesen Ursprung.
Schon in die Zeit des Kampfes mit König Saul führen uns die
Psalmen 17. 7 und 13. Auf den Krieg gegen die Amalekiter hat
Hitzig Psalm 8 bezogen, indem er die Worte: Aus dem Munde
der Knäblein und Säuglinge hast du gegründet eine Wehr um deiner
Dränger willen, zu beschwichtigen den rachgierigen Feind, scharf-

finnig mit 1. Sam. 30, 12. kombinirt. Wenn die Amalekiter beim Ueberfall Ziklag's Niemanden tödteten, sondern die dort zurückgelassenen Weiber und Kinder am Leben ließen, statt David's Vorgehen gegen sie (1. Sam. 27, 8. 9) nachzuahmen, so war es wohl das Weinen der Kinder, was ihr menschliches Gefühl erregte und David hat ein Recht zu den Dankesworten: Was ist der Mensch, daß du sein gedenkest und des Menschen Sohn, daß du dich seiner annimmst? In den gleichen Krieg setzt Hitzig Psalm 3 und 4: „Ach Herr wie sind meiner Feinde so viel!" und auch Psalm 16, falls er davidisch sein sollte, würde gleichfalls hierher gehören; Ps. 9 u. 10 dagegen würden in die spätere Zeit Davids zu setzen sein. Auch der Psalm 18: „Herr mein Fels, meine Burg, mein Erretter, mein Gott, mein Hort, auf den ich traue, mein Schild und Horn meines Heils und mein Schutz!" gehört in die spätere Zeit, da der Schlußvers den Sänger als König bezeichnet. Vgl. 2. Sam. 22, 1 ff., wo der Psalm gleichfalls steht. Endlich ist uns auch der Psalm erhalten, den David bei der Uebersiedelung der Bundeslade nach Zion gedichtet und gesungen: „Herr wer wird wohnen in deiner Hütte? Wer wird bleiben auf deinem heiligen Berge?" Ps. 15. Auf diese Stücke muß eine besonnene Kritik die ächten Davidischen Lieder beschränken, eine Vergleichung derselben unter einander und mit dem Liede über Saul und Jonathan, mit dem Nachruf an Abner mit dem Gebete Davids 2. Sam. 7, 18, wird ihre gemeinsamen poetischen Eigenthümlichkeiten unschwer erkennen lassen.

Aus den nun folgenden Zeiten sind uns verhältnißmäßig wenige religiöse Lieder erhalten, während das Aufblühen der Spruchpoesie und erotischen, prophetischen und historischen Literatur beweist, daß der hebräische Geist keineswegs müssig war. Um so mehr scheint die geistliche Lyrik absorbirt zu sein. Aus dem Nordreiche, wo überhaupt das poetische Leben frischer blühte, ist uns zunächst Ps. 45 erhalten, der sich auf der Hochzeit Ahab's mit Isebel bezieht, die freilich des Hofpoeten Mahnung schlecht gewürdigt hat, wenn er ihr zuruft: „Höre Tochter, und schau und neige dein Ohr, und vergiß dein Volk und deines Vaters Haus". Ein mächtiges Lied endlich ist Ps. 68, den Hitzig auf den Rachekrieg 2. Kön. 3 bezieht, den König Joram mit Josaphat gegen die Moabiten geführt hat. Unmittelbar auf Ps. 45 folgen 3 Psalmen, die von Jesaja herrühren und an ihrem Ort sind besprochen worden, und in seine Zeit gehört denn endlich auch der angefügte 49. Psalm, dessen kunstmäßige Gliederung und ungesuchte natürliche Schönheit ihn dieser Nachbarschaft vollständig würdig erscheinen lassen, wie er auch sprachlich in diese Periode weist. Sein Inhalt selbst, von dem Ende des Glückes der Gottlosen, klingt fast an die Gedankenwelt des greisen Jesaja und an das Testament des Propheten an.

Mit ihm stehen wir am Ende unserer Periode, die nur einen ziemlich spärlichen Ertrag an religiösen Liedern liefert. Um so reicher ist sie in anderer Beziehung gewesen. Davon werden wir zunächst zu handeln haben.

Das hohe Lied.

Die Krone der weltlichen Lyrik des hebräischen Volks, das Lied der Lieder, gehört gleichfalls in die Zeit vor Jesaja. Dasselbe ist ein Zeugniß dafür, daß die erotische Poesie bei den Israeliten in gleicher Weise blühte wie die religiöse, und da aus dem Psalmbuch fast alle weltlichen Lieder ausgeschieden sind, ist für uns die Erhaltung dieses schönen Liebesliedes doppelt erfreulich.

Die Zahl der Ausleger, die sich abmühen die frisch pulsirende Liebesgeschichte des Hohen Liebs in eine geschraubte Allegorie auf Christum und seine Kirche umzubeuten, die Salomo als Prophet ersonnen habe, geht, Dank des auch in theologischen Kreisen zunehmenden guten Geschmacks und gesunden Menschenverstands, sichtlich zusammen und man ist heut zu Tage ziemlich darüber einverstanden, daß Sulamit ein galiläisches Hirtenmädchen und nicht die Braut Christi, daß die Nebenweiber Salomo's wirkliche Weiber und nicht die deutschen Bundesstaaten vorstellen und daß der Weinberg wirklich ein Weinberg und nicht die Kirche ist, sowie die Füchse, die ihn unterwühlen, wirkliche Füchse sind und nicht die Rationalisten bedeuten. Salomon war gewiß ein weiser Mann, aber Alles hat seine Gränzen.

Der Inhalt des halbdramatischen Idyll's, wenn wir es nach den innern chronologischen Anhaltspunkten zurechtlegen, ist kurz folgender.

Sulamit eine junge Hirtin, die an den Vorbergen des Libanon lebt, liebt einen Hirten ihrer Nachbarschaft; allein ihre Brüder wollen von dieser Liebe nichts wissen. Eines Morgens nun, als die Jungfrau noch schläft, meldet ihr Geliebter ihr die Ankunft des Frühlings und fordert sie auf, mit ihm hinauszuziehen in's Freie. 2, 8—14. „Stehe auf doch", übersetzt E. Meier in Tübingen, „stehe auf doch, Du Holdige, Goldige und lauf doch! denn fortgezogen ist der Winter, der Regen verflogen und ist dahin: Draußen blinken die Blumen, die Singzeit ist da; das Girren der Turtel vernimmt man im Land: Der Feigenbaum treibt schon seine Knollen, die Rebenstöcke blühen und duften. Steh auf doch, du Holdige Goldige und lauf doch. Mein Täubchen, im Geklüft, im Versteck der Steige laß mich sehen dein Gesicht, laß mich hören deine Stimme, denn süß ist deine Stimme und lieblich dein Anblick". Die Brüder der Sulamit unterbrachen indessen dies Zwiegespräch und schickten Sulamit zur Arbeit in den Weinberg: 1, 6 „Die Söhne der Mutter mein mochten mir böse sein, setzten zur Hut mich ein über den Weinberg". Sulamit hütet nun den Weinberg, doch da ihr die Zeit lang wird,

ergeht sie sich in der Nähe 6, 11. „Zum Nußgarten ging ich hi=
nab, um hier zu sehen nach dem Grün des Thals, um hier zu sehn,
ob sprosse der Weinstock, ob Blüthen treibt der Granatenbaum. Ich
weiß nicht wie das Herz mich führte weg von den Schaaren meiner
Landsleute; der edeln." Während sie sich so ergeht, begegnet ihr
König Salomo mit seinem Reisegefolge. Seine Frauen brechen
in Lobsprüche über die Schönheit des Landmädchens aus und Salomo
entführt sie nach seinem Landschloß, Baal=Hamon genannt. Der
König bemüht sich nun auf alle Weise, die Liebe der Hirtin zu
gewinnen, allein Sulamit erwidert ihm stets mit der Schilderung
der Vorzüge ihres Freundes. Die Frauen des Königs schildern ihr
mit glühenden Farben die Herrlichkeit, die sie erwarte:

>Doch wenn Du nicht klug bist,
>Du schönste der Frauen,
>So geh nur hinaus,
>Den Spuren der Schafe nach,
>Und weide die Zicklein
>Bei den Hütten der Hirten!

Allein Sulamit widersteht auch ihnen:

>Ich beschwöre euch,
>Ihr Töchter Jerusalems,
>Bei den Gazellen
>Und Hinden des Feldes:
>Nicht zu erregen
>Noch zu bewegen
>Die Liebe bis ihr es gefällt.

Je mehr Salomo in sie bringt, um so feuriger preist sie den
Freund, den sie gewählt. „Ich gehöre dem Liebsten, hab Sehnsucht
nach ihm: So komm doch mein Liebster wir wollen auf's Land! Wir
wollen weilen bei Cyperblumen! Wollen früh zu den Weinbergen und
wollen sehn, ob sprosse der Weinstock, ob sich öffnen die Blüthen
und ob da blühn die Granatenbäume. Fänd ich dich draußen, dürft
ich dich küssen und Niemand verhöhnte mich; ich würde dich führen,
würde dich bringen zum Haus meiner Mutter. Ich beschwöre euch,
ihr Töchter Jerusalems: Nicht zu erregen noch zu bewegen die Liebe,
bis ihr es gefällt!"

Endlich wird Salomo es müde den Preis seines Nebenbuhlers
stündlich anzuhören, oder dieser selbst befreit seine Hirtin, denn 8,
5 — 14 sehen wir beide wieder vereinigt.

„Wer ist die, die da steigt   Deine Mutter,
Von der Trift herauf,   Dort verlobte dich,
Und lehnt sich   Die dich geboren."
Auf ihren Geliebten?"   „Wie den Siegelring leg mich
„Unter dem Apfelbaum   An dein Herz
Erwarb ich dein Herz;   Wie den Siegelring
Dort verlobte dich,   An deine Hand."

„Stark wie der Tod
Ist die Liebe,
Fest wie die Hölle
Hält heiße Minne,
Ihre Gluten
Sind Feuergluten,
Sind Flammen Gottes.
Gewaltige Wasser

Können nicht löschen
Die Liebesglut;
Nicht Ströme können
Hinweg sie fluten.
Wenn einer böte
All sein Vermögen
Um die Liebe:
Man würd' ihn verhöhnen."

Diese letzte Moral für den König, beweist deutlich genug, daß die reizende Dichtung nicht von dem an Liebe und Liedern reichen Salomo sondern auf ihn ist gedichtet worden. Sie fällt darum auch schon in eine Zeit, in der er nicht mehr ein Gegenstand der Ehrerbietung war, sondern ein historischer und poetischer Charakter geworden ist. Wo das Idyll spielt, im reichen üppigen Norden Palästinas, ist es gedichtet, und wir haben noch in der Zeit des ungetrübten frischen Volkslebens, also jedenfalls vor Wegführung der Nordstämme, seinen Ursprung zu suchen, wenn wir auch sonst über Zeit und Verfasser ohne Daten sind.

Die Anfänge der chaldäischen Periode.
Das Deuteronomium.

Wir haben auf S. 64 dieser Blätter erzählt, wie die assyrische Großmacht zusammenbrach und ihre Heere die palästinensischen Länder räumten. Sie sollten nie mehr in diese Gegenden zurückkehren. Die Meder im Norden des assyrischen Reiches und die Babylonier im Süden folgten dem Beispiel der Juden und erhoben sich wider ihre Unterdrücker. Thronstreitigkeiten kamen dazu, sie im Innern des Landes zu beschäftigen. Zugleich stürzte sich etwa um 633 ein Kosakenvolk vom Nordufer des schwarzen Meeres herab nach Medien und brach mit seinen Reiterschaaren über das assyrische Reich herein. Die Griechen nennen diese Schaaren Skythen. Von da drangen sie vor nach Syrien, jagen in flüchtigem Ritt durch Palästina; raubend, sengend, plündernd rücken sie gegen Aegypten vor und von dort wenden sie sich nun plötzlich gegen Babylonien, wo sie sich zerstreuten und in einzelne Schaaren getrennt den Angriffen der verschiedenen Völker erlagen. Als nun aber diese Fluth verbraust war, war die Macht Assyriens vollends dahin. Meder und Babylonier reichten sich die Hand zur Eroberung von Ninive und die Propheten Israels verkündigten ihm vollständige Verstörung. „Wehe der Stadt des Blutes, ruft Nahum, Schall der Peitsche und rasselnde Räder und jagende Rosse und hüpfende Wagen, Reiter im Anzug und Schwertes Flamme und Speeres Blitz! Der Zertrümmerer zieht wider dich heran Ninive!" Aehnliche Verheißungen gaben die Sterndeuter von Babylon den verbündeten Fürsten. Und in der That blieb dem letzten Assyrer Sardanapol nur ein heldenmüthiger Tod, ben er ſuchte. Der Staat, ber 500 Jahre lang über Aſien geboten, verfiel nun mit beiſpielloſer Schnelligkeit. Das weitloſe Ninive, bas burch gepreßte Koloniſten bevölkert war, veröbete wie über Nacht. Als Xenophon (um 400) mit ben Zehntauſend bort vorbeikam, fand er nur noch Ruinen. Aber ſchon ber Prophet Zephania ſchilbert Ninive als eine Ruinenſtabt. „Die Heerben lagern auf ben Plätzen unb auf ben Knäufen ſitzen Igel unb Pelikane, Vögel ſingen im Fenſter, Schutt auf ber Schwelle, bie Cederntäfelei iſt abgeriſſen. Wer vorbeizieht ziſcht unb ſchwenkt bie Hanb.“ In Folge herrſchten nun bie Meber vom Tigris bis zum Halys, unb im Süben erhob ſich Babylonien zu neuer Blüthe.

Während bie Großmächte burch bieſe großen Verwicklungen beſchäftigt waren, hatte bas Königreich Juba Ruhe, bas heißt neue Gelegenheit, ſich inneru Parteikämpfen hinzugeben. Schon Manaſſe hatte bie Großthaten Jehova's an Jeruſalem vergeſſen unb biente ben phöniciſchen Gottheiten ſchaamloſer als je ein König zuvor unb fieng wieber an, blutige Verfolgungen zu häufen über bie Partei bes Jehova. „Wie ein verheerenber Löwe, ſagt Jeremia, fraß bas Schwert eure Propheten.“ Die Sage läßt auch Jeſaja in bieſer Zeit ein grauenhaftes Martyrium erbulben. Mannaſſes Sohn Ammon fuhr gleichfalls fort bie ſyriſche Partei zu bevorzugen, allein er warb ermorbet unb unter bem juugen Joſias wußten bie Jehovaprieſter mit energiſcheren Mitteln ber Wieberkehr ſolcher Zuſtänbe vorzubauen. Man brachte nämlich bas Deuteronomium als bie iſraelitiſche Verfaſſungsurkunbe zum Vorſchein unb bewog ben König bazu, ſie feierlich anzuerkennen. Damit war ber Pentateuch vollenbet unb abgeſchloſſen. Allerbings war ber größte Theil bieſer Sammlung älteren Datums aber bas Deuteronomium ſelbſt unb bie letzte Rebaktion iſt frühſtens unter Manaſſe, ober unter Ammon, vollenbet worben zum Zweck, Panbelten bes moſaiſchen Rechts zuſammen zu ſtellen. Dieſe Rebaktion iſt nun freilich in ſo fern eine tenbenziöſe, als man Gewährung von Privilegien, bie bie Prieſter nur erſtrebt, nie aber beſeſſen hatten, als moſaiſche Dekretalien einführte, inbem man ſie mit anbern ſpätern Vorſchriften über Ritual, Opfer unb Gebräuche bes heiligen Dienſtes an paſſenben Stellen ber hiſtoriſchen Ueberlieferung einſchob unb ſie von Moſes ſelbſt als unmittelbare Eingebung Jehovas promulgiren ließ. So wurbe benn bie ganze Summe von früheren unb ſpäteren Geſetzen zuſammengeſtellt in bem Rahmen einer hiſtoriſchen Erzählung, unb ba baburch bie Klarheit unb Ueberſichtlichkeit bes Ganzen litt, wurbe in einer ſchließlichen Rekapitulation uub Robification gleichſam ein kurzes Kompenbium bes Ganzen als Deuteronomium angehängt. Auch für bieſes iſt bie von ben prophetiſchen Reben her übliche Form beibehalten, inbem bie meiſten Geſetze in Form von Reben vorgetragen werben. Auf bas Einzelne ber ſo kobificirten Geſetze können wir nun hier nicht eingehen. Sie beziehen ſich auf bas Opferritual, auf bie Arten unb Gattungen unb

Gelegenheiten des Opfers, auf die Feste, die Reinheitsgesetze, Rei=
nigungen, Beschneidung, Abschließung gegen Fremde, Strafen wegen
fremder Kulte, auf die Stellung, das Leben und die Pflichten der
Leviten, auf ihre Einkünfte und Kompetenzen, auf die Pflichten und
Rechte der Könige und geben endlich ein umfassendes Criminal und
Civilrecht, das alle Vergehn und alle bürgerlichen Verhältnisse umfaßt.

Das Ganze aber ist basirt auf die großartige Idee eines ver=
tragsmäßigen Bundes mit Gott, die schon Moses vorgeschwebt, die
sich dann bei den Propheten mehr und mehr zur Klarheit hindurch=
gearbeitet und die nun die Redaktoren des Pentateuch ihrer Auffassung
des ganzen theokratischen Staatswesens zu Grund legen.

Es hat Jehova wohlgefallen, um der Gottesfurcht Abrahams
willen, sich die Nachkommen Abrahams zu bevorzugten Söhnen zu erwählen.
Sie läßt er wohnen in diesem gesegneten Lande, um ihretwillen wählt
er Jerusalem zu seinem Wohnsitz und den Tempel zu seinem Palast.
Ja er schließt einen Vertrag mit dem Volk seines Wohlgefallens,
nach dem es ihn in den vorschriftsmäßigen das ganze Leben um=
fassenden Formen, die in dem Buch des Bundes niedergelegt sind,
verehren solle. Auf Grund der Erfüllung dieser Gesetze hat nun
aber Israel auch ein Recht von Gott Mehrung des Stammes und
Wohlergehn zu verlangen und der Einzelne kann Gesundheit, Reich=
thum und Glück zum Lohn seiner Gerechtigkeit fordern. Ja erhielt
er den Lohn seiner Gerechtigkeit nicht, so konnte er fragen: Ist denn
der Bund zu Ende, ist es aus mit Gottes Treue und bleiben seine
Verheißungen unerfüllt? Denn es ist ja vertragsmäßig stipulirt
(5 Mos. 28): „So Israel den Vertrag hält, dann wird Israel die
Frucht des Mutterleibes und die Frucht seiner Felder, das Werfen
seiner Rinder und das Lammen seiner Schafe, sein Korb und Back=
trog gesegnet sein und Israel wird vielen Völkern leihen und nichts
entlehnen, aber wenn es den Vertrag bricht: dann wird Jehova Is=
rael heimsuchen mit der Krätze, mit den Beulen Aegyptens an Knien
und Schenkeln, vom Scheitel bis zur Sohle, mit Fieber, Pest, Schwind=
sucht, Entzündung, mit Blindheit, Wahnwitz und Verzerrung des
Geistes, dann soll der Himmel über ihm Erz und die Erde unter
ihm von Eisen sein; zur Mißhandlung sollen sie sein allen Reichen
der Erde und ihre Leichname zum Fraß den Vögeln des Himmels
und den Thieren des Feldes; zerstreut sollen sie werden unter alle
Völker von einem Ende der Erde bis zum andern, zum Entsetzen
sollen sie werden, zum Sprüchwort und zur Stachelrede unter den
Völkern.“

Mit der Annahme dieses Gesetzbuches war der Sieg, den die
theokratische Partei unter Josias errang, vollständig. Das Bild der
Astarte ward nun aus dem Tempel geworfen, die Wagen der Sonne
und die Sonnenpferde wurden in Stücke gehauen, die Baalsäulen
zerstört, die Häuser der Tempeldirnen gestürmt, die Molochaltäre
im Thale Hinnon verunreinigt und entweiht, die fremden Priester

und Zeichendeuter verjagt oder als Opfer auf ihren eigenen Altä=
ren geschlachtet. Jedermann mußte seine heidnischen Teraphim und
Penaten abliefern und nachdem diese tumultuarische Staatsumwäl=
zung vor sich gegangen, konnten die Leviten sich rühmen, daß man
im Jahre 622 ein Passah gefeiert wie nie zuvor. Jetzt war der
Jehovakult anerkannte Staatsreligion und hatte eine gesetzliche Basis.
Aber dieser Zustand sollte bald durch den allgemeinen Weltverlauf
gestört werden. Gerade als die assyrische Macht von Medien und
Babylon den Todesstoß erhielt, faßte Pharao Necho den Plan, sich
selbst in Besitz der syrischen Küste zu setzen, ehe sie von einer der
andern Großmächte erobert und dazu benützt würde, den aegyptischen
Handel zu ruiniren. Der Angriff erfolgte zunächst von der See her. Bei Megiddo
(611) auf der Ebene Esdraelon wurde Josia geschlagen und blieb
auf dem Platze. Sein Sohn Joahas ward nach Aegypten abgeführt
und der jüngere Sohn Jojakim als Vasall in Jerusalem instituirt.
Aber bald wenden sich die Dinge und die Gefahr kommt wieder von
Osten her.

Nahum. Zefania. Habakuk.

An der Gränze der assyrischen und chaldäischen Zeit steht ein
Prophet, dessen Büchlein von vielen Forschern aufgefaßt wird als
die letzte Stimme, die aus dem weggeführten Israel zu uns herüber=
bringt. Es ist das Nahum des Elkositen Freudenruf über Nini=
ve's Untergang unter Sardanapal im Jahre 606. Zwei Jahre schon
waren Meder und Babylonier vor Ninive gelegen, ohne die Stadt
brechen zu können, als der Tigris tückisch anschwoll und 20 Stadien
der Stadtmauer niederriß. Durch die Bresche bringen die Feinde
ein und in den Flammen sucht Sardanapal mit seinen Weibern den
Tod. Noch jetzt bestätigen die brandigen Trümmer der wieder zum
Tageslicht geförderten Stadt die Worte Nahum's, daß sie wie Stoppeln
vom Feuer gefressen worden. In kurzen aber ungemein malerischen
Zügen hat der Elkosite diesen Untergang beschrieben.

Er führt uns hinein in das Getriebe der Weltstadt. „Mehr
hast du deiner Kaufleute als Sterne des Himmels, Grillen breiten
sich aus und fliegen davon. Deine Fürsten sind wie die Heuschrecken
und deine Kriegsobersten wie ein Grillenschwarm, die sich an die Mauern
legen zur Zeit der Kälte: gehet die Sonne auf, so fliehen sie und
man weiß den Ort nicht, wo sie sind." Doch kümmert den Propheten
das prangende Heer des Feindes nicht, er weiß „ein eiferner Gott
und Rächer ist Jehova, Rächer ist Jehova und voll Grimms, Rächer
ist Jehova und trägt nach seinen Feinden." Er sieht schon „auf den
Bergen die Füße des Boten" der Heil verkündet für Juda, Rache
für das verstörte Israel. Von ihm naht Entsatz. „Schall der

Peitsche und rasselnde Räder und jagende Rosse und hüpfende Wagen. Reiter im Anzug und Schwertes Flamme nnd Speeres Blitz und Menge Erschlagener und Haufen Todter und kein Ende der Leichen, man strauchelt über Todte." „Auf den Gassen rasen die Wagen, rennen auf den Plätzen; ihr Ansehen wie die Fackeln und wie die Blitze fahren sie einher. Sie eilen zu ihrer Mauer aber das Sturmdach wird aufgerichtet." Und nun verbindet sich der Strom mit dem Feinde. „Mit überströmender Fluth bringt Jehova Vernichtung ihrem Wohnsitz, die Thore der Ströme werden aufgethan und der Palast zerfließt. Ninive wird aufgedeckt, weggeführt und ihre Mägde seufzen wie die Tauben, schlagen ihre Brust. Ninive war ja wie ein Teich voll Wasser seit sie stand, aber sie fliehen. „Stehet, Stehet!" aber niemand wendet sich um. Raubet Silber, raubet Gold! unendlich sind die Schätze, Fülle von köstlichen Gefäßen. Leer und ausgeleert und verheert ... zerstört ist Ninive: wer wird es beklagen?"

In eine etwas spätere Zeit versetzt uns das Buch des Zefanja, das die Ueberschrift freilich schon unter Josia († 611) entstehen läßt. Bereits ist Ninive eine Einöde, „dürr gleich der Wüste und es lagern in ihr Heerden, alle Thiere in Rotten; auch Pelikan, auch Igel herbergen auf ihren Knäufen; Stimmen singen im Fenster, Schutt auf der Schwelle; denn die Cedern=Täfelei hat man abgerissen. Das ist die fröhliche Stadt, die sorglos wohnende, die in ihrem Herzen sprach: Ich und außer mir keine mehr! Wie ist sie zur Oede geworden, zum Lager für die Thiere! Wer an ihr vorüber zieht, zischt, schwenkt seine Hand." Angesichts dieses Gottesgerichts erinnert Zefanja an den Herrn, „der Völker vertilgt, Zinnen zerstört, Straßen verwüstet, daß niemand mehr sie durchzieht." Er weist hin auf die neue drohende Feindesmacht der Chaldäer und fordert auf die Reformen Josias zu vollenden, „auszurotten den Rest des Baal, den Namen der Götzenpfaffen, sammt den Priestern, und die anbeten auf den Dächern vor des Himmels Heer und die vor Jehova anbeten und bei ihm schwören, und auch schwören bei ihren Götzen, und abgewichen' sind von Jehova und die Jehova nicht suchen noch nach ihm fragen." Dann wird Jehova die zerstreuten Israeliten wieder sammeln und dann wird man singen können: „Juble, Tochter Zions; jauchze Israel; freue dich und frohlocke mit ganzem Herzen, Tochter Jerusalems! Jehova hat abgethan deine Strafgerichte und weggeräumt deinen Feind; König Israels ist Jehova in deiner Mitte, kein Uebel wird fürder dich schauen."

So rasch freilich kam auch diesmal die Hülfe nicht. Vielmehr beginnt der dritte, jüngste unter den drei Zeitgenossen der Prophet Habakuk sein Lied mit den Worten: Wie lange Jehova habe ich geschrieen und Du hörest nicht? klage dir Gewalt und Du hilfst nicht? Der Grund seiner Klage ist eben der Einfall des Chaldäers, den Habakuk erlebt. „Schneller als Parder sind seine Rosse und rascher als Abendwölfe und seine Reiter sprengen stolz daher; und seine

Reiter kommen von ferne, fliegen wie ein Adler, der eilet zum Fraß. Alle kommen sie zur Gewaltthat; das Streben ihres Angesichts ist ostwärts, und er raffet wie Sand Gefangene. Und der Könige spottet er und Fürsten sind ihm ein Gelächter; und jeglicher Festung lacht er und schüttet die Erde auf und erobert sie. Dann fährt er dahin, ein Sturm, und zieht weiter und verschuldet sich, denn seine Macht ist sein Gott." Alle Gräuel des Kriegs werden wiederum über das unglückliche Land ausgegossen, „daß der Stein aus der Wand schreit und der Sparren vom Holzwerk antwortet ihm."

So stehn wir mit diesem Propheten bereits mitten in den Nöthen der chaldäischen Zeit und es ist merkwürdig zu sehen, wie angesichts der zu Schanden gewordenen Hoffnung, daß nach Assur's Sturz der Tag des Gottesreichs anbrechen werde, sich bei Habakuk zuerst der religiöse Zweifel hervorwagt. Ein Zweifel der nur erst leise anklingt in der Frage: „Warum lässest du mich Unrecht sehen und schauest Unheil? Nicht nach Wahrheit geht Urtheil aus, denn der Frevler umringt den Gerechten, darum gehet das Urtheil verkehrt aus." Noch bruhigt sich für jetzt dieser Zweifel mit der Gewißheit, daß der Gerechte werde zuletzt leben seiner Gerechtigkeit (2, 4) — allein mit der wachsenden Noth, bei der fester gewordenen Ge-setzestreue, kehrt dieser Zweifel lauter und lauter wieder und bald werden wir das religiöse Gefühl vorzugsweise bewegt finden von der Frage, ob Gott auch wirklich Jedem vergelte nach seinen Werken, ob der Gott auch wirklich gerecht sei, der das treue Israel Preis gibt, um sich der Helden anzunehmen?

Der Prophet Jeremia.

Die Geschichte liebt es an das Ende einer Entwicklung einen Mann zu stellen, der noch einmal Alles zusammenfaßt, was die alte Zeit Großes und Gutes hatte. Dieser letzte Repräsentant des wahren Prophetenthums ist Jeremia von Anatot. Nach ihm wird das pro-phetische Wesen, mit dem Erlöschen des selbständigen Volksthum's, mehr zu einer literarischen Beschäftigung, oder, wo es ins Leben tritt, erscheint es gepaart und verwachsen mit dem Priesterthum. Jeremia aber vertritt noch einmal die alte Schule, die in der Oeffentlichkeit und für den Staat wirkt und die den Leviten noch immer feindlich gegenübersteht. Auch sonst ist er für den Ausgang des jüdischen Staats eine bezeichnende Gestalt. Als Sohn des Priesters Hilkia, in dem Priesterstädtchen Anatot bei Jerusalem geboren, war er von vorn herein in die großen Reformen der Regierung Josia's verflochten. Der gewaltige Aufschwung jener Tage ergriff auch ihn und schon den Jüngling drängte es als Prophet aufzutreten.

Er selbst schildert den göttlichen Zwang seiner Begeisterung mit nachdrücklichen Worten und läßt uns tief in Art und Wesen einer solchen prophetischen Berufung hineinsehen. Mehr als ein Mal weist er darauf hin, daß nicht seine Willkür ihn zum Propheten gemacht, sondern daß Gott ihn von Anfang dazu erwählt. „Du hast mich beredet, Jehova, und ich ließ mich bereden; du bist mir zu stark gewesen und hast es durchgesetzt!" 20, 7. „Denn es geschah das Wort Jehova's zu mir, und sprach: Eh' ich dich bildete in Mutterleibe, kannt ich dich, und ehe du hervorgingst aus dem Schooße weihte ich dich, zum Propheten für die Völker bestimmte ich dich." 1, 4. „Ich habe mich nicht weggedrängt, um nicht Hirte zu sein hinter dir her und den Unglückstag habe ich nicht gewünscht, du weißt es, was aus meinen Lippen hervorgegangen, ist offenbar vor deinem Angesicht." 17, 16. So verrichtet er denn sein Amt im Gefühl einer höheren Nothwendigkeit, er weiß, „daß nicht beim Menschen steht sein Weg, nicht beim wandelnden Manne, seine Schritte zu richten." Er weiß aber auch, daß er wenig Rosen finden wird auf diesem Weg, denn Jehova hat es ihm selbst gesagt: du redest zu ihnen all diese Reden, so werden sie nicht auf dich hören und rufst du ihnen zu, so werden sie dir nicht antworten. Hat er Stunden, wo er fühlt, daß sein Gott ihn gemacht „zu einer festen Stadt und zu einer eisernen Säule und zu einer ehernen Mauer gegen das ganze Land," (1, 18) so hat er doch auch wieder andere Augenblicke, wo er Gott anklagt, daß er ihm zur täuschenden Quelle geworden sei. „Verflucht der Tag, an welchem ich geboren ward; der Tag, an welchem mich meine Mutter gebar, sei nicht gesegnet! Verflucht der Mann, der meinem Vater die Botschaft brachte, und sprach: Ein Sohn ist dir geboren; Freude macht es ihm. Es sei selbiger Mann gleich den Städten, welche Jehova umkehrte ohne Reue; er höre Klage am Morgen und Geschrei zur Mittagszeit: weil er mich nicht tödtete im Mutterleibe, so daß meine Mutter mein Grab geworden und ihr Schooß ewig schwanger blieb. Warum doch ging ich hervor aus Mutterleibe, um Unheil und Jammer zu sehen und daß in Schande vergingen meine Tage?"

In solchen Stunden dacht er wohl: „Ich will sein nicht mehr erwähnen, und nicht mehr reden in seinem Namen, aber es war in meinem Herzen wie brennend Feuer, eingeschlossen in meinen Gebeinen, und ich ward müde es auszuhalten und vermochte es nicht mehr." Cap. XX. Oder wie er an einer andern Stelle ruft: „Meine Eingeweide, meine Eingeweide! weh ist mir in meines Herzens-Kammern, mir tobt mein Herz! ich kann nicht schweigen! denn Posaunen-Schall hörest du meine Seele, Kriegsgeschrei! Verderben über Verderben wird gerufen; denn das ganze Land wird verwüstet — wie lange soll ich das Panier sehen, den Posaunen Schall hören?" N. 19 ff.

Es bedarf wohl keiner weitern Ausführung, daß diese so sehr das Gepräge subjektiver Wahrheit tragenden Aeußerungen des Propheten dem Bewußtsein entsprangen, daß er wirklich ein göttliches Wort an ʼbie Welt auszurichten habe. Es äußert sich dieses Bewußtsein zunächst in Visionen, in benen die Geschicke der Welt sichʼihm erschließen. Einmal sieht er einen siedenden Topf gegen Norden gerichtet (1, 13) und eine innere Stimme sagt ihm, daß im Norden sich Unheil zusammen braut. Dann sieht er zwei Körbe voll Feigen, gute in dem einen, schlechte im andern und er erkennt in ben guten die weggeführten Juden, in den schlechten die, zurückgebliebenen, 24, 1. Wiederum steht er beim Töpfer und sieht, wie die schlecht gerathenen Töpfe in andere Gefäße umgeformt werden, ba thut sich ihm das innere Auge auf zu erkennen, baß auch Jehova oft seine ursprüngliche Pläne ändere. Dann sprach auch wohl Jehova zu ihm: „Geh' und tritt in das Thor der Söhne des Volks, durch welches die Könige von Juba eingehen und durch welches sie ausgehen, und in alle Thore von Jerusalem und rede zu ihnen." 17, 19. So sehen wir ihn benn verschiedenfach während des chaldäischen Krieges auftreten, um von seinem religiösen Standpunkt in ben Lauf der Politik einzugreifen. Eingeleitet sind dabei seine Reden sehr häufig mit jenen symbolischen Handlungen, die das Aufsehen des Volkes zu erregen bestimmt sind. So bringt er dem Volke einen verdorbenen Gürtel, den ihn Jehova hatte am Euphrat vergraben heißen, ber nichts mehr taugte, zu zeigen, wie das alte Band mit Jehova morsch und brüchig sei; ober er ruft auf dem Markt: So spricht Jehova: Jeglicher Krug wird mit Wein gefüllt! Und wie die Juden sprechen: Wissen wir etwa nicht, baß jeglicher Krug mit Wein gefüllt wird, so spricht er entgegen: Trunken seid ihr alle von Wein und zerschmeißen wird euch Jehova wie einen Krug. Cap. 13. Ober er zerschmettert eine Flasche vor ben Augen der Aeltesten und verkündet, baß also Jehova die Stabt werde in Scherben schlagen. Ein ander Mal kauft er ein Feld und vergräbt ben Kaufbrief an sicherem Ort in bauerhaftem Gefäß, damit er ober seine Erben das Land antreten könnten, wenn einst das Volk aus der Gefangenschaft zurückkehre. Ober er setzt Männern von der Sekte der Rechabiten, die ben Weingenuß abgeschworen, Humpen voll Weines vor und wie sie sich weigern zu trinken, wendet er sich zürnend zu dem Volk: „Ja es hören die Söhne Jonababs, des Sohnes Rechab's, das Gebot ihres Stammvaters, aber dieses Volk hört nicht auf Jehova!" Selbst als Greis noch auf der Flucht in Aegypten vergräbt er große Steine im Lehm des Ziegelofens zu Taphanes (Taphnä) mit der Weissagung, baß über biesen Steinen Nebukabnezar seinen Thron aufschlagen werde. Cap. 43. Der materielle Inhalt seiner Predigt ist wesentlich ein Kampf seines religiösen Bewußtseins mit allen herrschenden Mächten der Zeit; heidnisch und theokratisch Gesinnte, Leviten und Propheten, Fürst und Volk werden von ihm mit gleich strengem Maßstab gemessen. Seine Reden sind durchzogen von Hohn gegen die Götzen, „im Walde gehauen mit dem Beil, mit Nägeln gehalten, baß sie nicht fallen, gerundet wie ein Palmbaum, können nicht reden,

von Kindern getragen, können nicht schreiten." Spott über Spott
bringt er zu Markt und ist dafür mehr als ein Mal in Gefahr
seine Lästerungen mit dem Leben zu büßen, denn der Götzendienst hat
auch seine Theologie und sein kirchliches Bewußtsein. Ueberigens
ist Jeremia fast ebenso zerfallen mit der eigenen Priesterschaft in Jerusalem
wie mit den Baalspriestern. Nicht nur, daß er Jesaja's Polemik
gegen den Tempeldienst verstärkt und über den Aufwand von Weih-
rauch und Würzrohr, von Böcken und Schafen seinen Spott ergießt,
sondern er stellt geradezu in Aussicht — was seit dem Untergang
Sanheribs doppelt frevelhaft erschien — daß der Tempel werde zerstört werden. „Fragt zu Silo nach, auch dort hab' ich gewohnt."
Ein neuer Bund wird dann geschlossen werden und „dann wird man
nicht mehr sprechen von der Lade Jehova's, sie wird keinem in den
Sinn kommen." Es läßt sich denken in welche Aufregung die Le-
vitenschaar zu Jerusalem gerieth bei diesen gräulichen Reden von
einer Religion ohne Bundeslade. Ein Gesinnungsgenosse Jeremia's,
der Prophet Uria, fiel ihrer Wuth zum Opfer und auch Jeremia
entrann nur mit Mühe dem Beil des Henkers. Alle diese Feinde
aber wollten nichts bedeuten gegenüber dem Haß, den sein Volk aus
andern Gründen auf ihn warf. Wir haben schon bei Gelegenheit
des Jesaja gesehen, daß das wahre Prophetenthum sich stets gegen
Bündnisse mit dem Ausland verwahrte und lieber das Joch der
Zwingherrn tragen wollte, als die Freundschaft mit einem heidnischen
Nachbarn. Allein das Volk haßte diese Ketten und sie zu zerreißen be-
durfte es fremder Hülfe. So geriethen die Propheten in Widerspruch mit den besten nationalen Wünschen ihres Volks, weil sie um
ein Höheres noch besorgt waren als um die Freiheit des Landes.
Zumal Jeremia auf der einsamen Höhe seines ausschließlich religiösen
Standpunkts war heimathlos geworden auf dieser Erde und hatte
kein Herz mehr für die nationale Existenz seines Volks. Allein nicht
alle Propheten konnten so wie er vergessen, daß sie nicht blos Diener
Jehova's, sondern auch Juden, Bürger dieser Scholle seien und so
entbrannte denn ein heftiger Kampf zwischen ihm und den Volks-
propheten. Mehr als ein Mal sieht sich Jeremia genöthigt den nationalen Bestrebungen ins Angesicht zu schlagen und mehr als ein
Mal droht ihm darum der Tod des Hochverräthers von Seiten der
patriotischen Partei. Oft ist's ihm, „wie einem Lamm, das zur Schlachtbank geführt wird, mitten unter seinen Mördern." Denn nicht nur
mit den Führern, mit dem ganzen Land ist er zerfallen. Der ganzen
Generation wünscht er den Untergang, denn sie kann sich ja doch
nicht ändern, „so wenig als der Mohr kann seine Haut wandeln
oder der Pardel seine Flecken." Treten sie auch Rath begehrend zu
ihm und fragen: Wohin sollen wir gehen? so weiß er ihnen keine
andere Antwort, als: „Wer zum Tode, zum Tode und wer zum
Schwerte zum Schwerte und wer zur Gefangenschaft zur Gefangenschaft. Vier Arten von Strafen hat Jehova bestellt: das Schwert

zum Würgen, die Hunde zum Schleifen, die Vögel des Himmels zum
Fressen und die Thiere des Feldes zum Vertilgen."

So sehen wir ihn denn auch äußerlich verlassen und innerlich
vereinsamt sein Leben lang. Sein Herz lebt nur von den Worten
Jehova's. „Gelangten zu mir deine Worte, waren sie mir zur Lust
und Freude meines Herzens, denn ich bin genannt nach deinem
Namen, Jehova. Ich saß nicht im Kreise der Lachenden und
war fröhlich; wegen deiner Hand saß ich einsam, denn mit Un-
willen erfülltest du mich." Und zum Ersatz hat er nicht etwa ein
stilles Haus, in dessen Schatten er ruhen könnte vom heißen Kampfe
des Lebens, keine Familie, die ihn für Alles tröstete, ihm Alles er-
setzte, nein Jehova hat zu ihm gesprochen: „Du sollst dir kein Weib
nehmen noch Söhne noch Töchter an diesem Ort, denn es werden
sterben Groß und Klein in diesem Lande." Ja selbst sein einziger
Freund, Baruch sein treuer Schreiber, will zuweilen irre an ihm
werden und ist müde des zwecklosen Kampfes, so daß ihm Jeremia
verkünden muß: „So spricht Jehova der Gott Israels zu dir Baruch!
Du sprichst: Wehe mir, daß Jehova mir Kummer zu Schmerz fügt;
ich ermüde vor Seufzen und Ruhe finde ich nicht. So sprich zu ihm:
So sprich! Jehova: Siehe was ich gebaut, zerstör ich selbst und was
ich gepflanzt, rott ich selbst aus, und das ist das ganze Land. Du
aber verlangest für dich Großes, verlange es nicht." — In der That
ist es etwas Gewaltiges um die einsame Größe dieses Mannes, der
so in Widerspruch mit allen Parteien zugleich zu treten wagt, nicht den
Haß der Schlechten allein auf sich nimmt, sondern die bitterer schmerzt,
die Verkennung der Besten. Diese Bewunderung aber wächst noch,
wenn wir sehen, wie schmerzlich dieser Mann seine Einsamkeit und
seine Verkennung empfindet.

Jeremia hat nicht die Feuerseele eines Jesaja, der die Schwingen
wachsen mit jedem neuen Feind, er ist liebebedürftig, erregbar, reizbar,
weiblich und aller Schmerz zittert lang bei ihm nach. „Warum soll mein
Leiden beständig sein, klagt er Jehova an, und meine Wunde tödtlich?
Sie will nicht heilen. Du bist mir wie eine täuschende Quelle, wie
Wasser das versiegt." Diese Kassandrastimmung will ihn nicht selten
beschleichen, aber trotz dieser zarten Organisation hat sich doch auch
an ihm bewährt, daß der Friede, den Gott gibt, höher sei als der
Friede, den Menschen geben und allezeit hat als Ausdruck eines
ächten und männlichen Gottvertrauens gegolten, was er selbst sagt:
„Verflucht der Mann, der auf Menschen vertrauet und Sterbliche zu
seiner Stütze macht und dessen Herz von Jehova abweicht. Er ist
wie ein Nackter in der Steppe und stehet nicht, daß Glück kommt;
er bewohnet dürre Gegenden in der Wüste, Salzboden, unbewohnt.
Gesegnet sei der Mann, der auf Jehova vertraut und dessen Vertrauen Jehova! Er ist wie ein Baum an Wasser gepflanzt: nach
dem Flusse streckt er seine Wurzeln und fürchtet sich nicht, wenn
Hitze kommt, und seine Blätter sind grün, und im Jahre der Dürre
banget er nicht und höret nicht auf Früchte zu tragen."

Das erste öffentliche Auftreten unseres Propheten fällt noch in die Regierung Josia's und es ist nicht unwahrscheinlich, daß er bei der Redaktion des Deuteronomium mittetheiligt war. Als dann in der Schlacht von Megiddo 611 der fromme König gefallen, begann für das Land und für die Jehovapropheten eine schwere Zeit. Der Vasallenkönig Jojakim suchte in schwelgerischen Gelagen, in thörichter Vielgeschäftigkeit und Prachtbauten die ägyptische Herrschaft und die unbequemen Propheten zu vergessen. – „Meinst du du regierest, ruft Jeremia ihm zu, weil du in Cedernhäusern wetteiferst? Dein Vater, aß und trank er nicht? Aber er übte Recht und Gerechtigkeit, darum ging es ihm wohl, du aber sollst wie ein Esel begraben werden, geschleift und geworfen weit weg von den Thoren Jerusalems." (22, 13). Als sich dessen, ungeachtet die ägyptische Partei immer fester setzte und all die Abgötterei, die man längst abgethan glaubte, wieder zum Vorschein kam, da schwang der Prophet die Geißel seiner Rede bittrer und bittrer und endlich weissagte er gar im Vorhof vor großer Festversammlung den Untergang des Tempels. (Cap. 26.) Auf diese Lästerung hin wurde er verhaftet und Priester und Propheten fordern tumultuarisch seinen Tod. Die stolze Antwort des Propheten war: „Jehova hat mich gesandt wider dieses Haus und wider diese Stadt, all die Reden, die ihr gehört. Und nun bessert euren Wandel und eure Handlungen und gehorchet der Stimme Jehova's eures Gottes: so wird sich Jehova des Uebels gereuen lassen, das er über euch geredet." Zum Glück nahm sich Ahikam, der Sohn jenes Saphan, der einst das Deuteronomium dem König Josia als das wiederaufgefundene Gesetz vorgelegt, seiner an, und da man sich dessen entsann, daß Micha der Moraschtite, zu Zeiten des Hiskia schon dieselbe Prophezeiung ausgesprochen, so ließ man für diesmal den Gefangenen los. Der Prophet Uria dagegen, der sich der gleichen Weissagung unterwunden, bezahlte seine Verwegenheit mit dem Tod. „Der König schlug ihn mit dem Schwerte und warf seinen Leichnam in die Gräber des gemeinen Volks."

Zum Glück waren die Tage der ägyptischen Partei gezählt. Sardanapal hatte bei Pharao Necho um Hülfe gegen Babylonier und Meder nachgesucht. Necho landete am Fuße des Karmel, um durch Syrien gegen Ninive vorzudringen, allein er hatte den Euphrat noch nicht erreicht als Ninive bereits gefallen. Bei Karchemis erfocht der junge Nebukadnezar im J. 606 einen glänzenden Sieg und das geschlagene Pharaonenheer wälzte sich in eiliger Flucht nach dem Nillande zurück. Jojakim und seine Freunde waren preisgegeben und standen rathlos. Um so mehr frohlockte Jeremia: „Rüstet Schild und Tartsche, ruft er, rückt in den Streit, spannet die Rosse an und sitzet auf ihr Reiter! Stellet euch auf in Helmen, schärfet die Spieße und ziehet die Panzer an! Warum seh ich sie verzagt zurückweichen und ihre Helden sind zerschmettert und ergreifen die Flucht? Ein Tag der Rache ist gekommen, denn ein Opfer hat sich der Herr ersehen am Euphrat! Ein gar schönes Kalb ist Aegypten aber sein Schlächter kommt von Norden her!"

Jetzt war für Jeremia die Zeit, Einfluß auf die Geschicke des Landes zu erhalten. Er selbst durfte sich noch nicht öffentlich zeigen, aber er ließ durch seinen Schreiber Baruch seine früheren Reden aufzeichnen und, indem er eine neue assyrische Zeit durch die Chaldäer in Aussicht stellte, schrieb er an die Festversammlung: „Seit dreiundzwanzig Jahren, vom dreizehnten Jahre des Josia an, redete ich zu euch vom frühen Morgen und ermahnte euch von der Bosheit abzulassen und nicht fremde Götter anzubeten, so sollet ihr bleiben im Lande — aber ihr hörtet nicht. Darum spricht Jehova: Ich lasse kommen Nebukadnezar, den König von Babel und es soll dieses Land zu Trümmern und Wüsten werden." Die Vorlesung erfolgte. Indessen gingen die Dinge doch minder schnell als Jeremia gedacht hatte, da Nebukadnezar durch den plötzlichen Tod seines Vaters nach Babylon zurückgerufen ward. Im folgenden Jahre, als die Gefahr wieder näher rückte, da rief man ein großes Fasten aus, um Jehova zu versöhnen. Wiederum schickte Jeremia Baruch, der im Vorhof dem Volk die Reden vorlas. Die Aeltesten ließen aber dem Schreiber das Buch wegnehmen und, indem sie ihm und dem Propheten den guten Rath gaben, sich zu verbergen, legten sie dasselbe dem Könige vor. Als dieser drei Spalten davon gehört, nahm er ein Schreibmesser, zerschnitt die Schrift und warf sie in's Feuer der Kohlenpfanne. Jeremia selbst konnte nicht gefunden werden. Er benutzte seine Verborgenheit, die Schrift wieder zu diktiren und vermehrt mit einer drohenden Weissagung gegen Jojakim gab er sie aufs Neue heraus. Cap. 36. Vier Jahre nach der Schlacht von Karchemis betraten die Heere Nebukadnezars zum ersten Mal das Land Kanaan. Der Vortrab sprengte heran, wie Habakuk erzählt, „schneller als die Parder und rascher als die Abendwölfe." Jojakim kapitulirte und ward nun Vasall der Chaldäer, allein da der Kampf mit Aegypten noch ausgefochten werden mußte, lagerte die Armee in dem unglücklichen Lande. Im Lauf des Krieges meinte Jojakim sich mit den Aegytern verbinden zu sollen, um Nebukadnezar im Rücken zu fassen. Da ließ dieser die Syrer, Moabiten, Ammoniten und Elamiten wider Jerusalem los; Jojakim fiel im Streit, der junge Jechonja wurde König der belagerten Stadt. Von dem Vater hatte Jeremia geweissagt: Man wird nicht um ihn klagen: O weh mein Bruder! und o weh mein Vater! Wie man einen Esel begräbt, wird er begraben werden, geschleift und geworfen weit hinweg von den Thoren Jerusalems." Den Sohn empfing der Prophet mit den drohenden Worten: „Bei meinem Leben, spricht Jehova, wäre auch Jechonja ein Siegelring an meiner rechten Hand, so wollt ich dich von dannen abreißen, ich werfe dich und deine Mutter in ein anderes Land, woselbst ihr nicht geboren seid." Wie die Dinge lagen, war das unschwer vorauszusehen. Der Chaldäerkönig erschien selbst vor

ben Mauern ber Stabt. Jechonja unb seine Mutter flehte persön=
lich bie Gnabe bes Königs an, warb aber mit seiner ganzen Familie
nach Babel abgeführt im Jahr 597 v. Chr. Sobann wurde bie
Stabt geplünbert unb 17000 waffenfähige Israeliten sammt allen
Waffenarbeitern unb Geiseln aus ben ebeln Geschlechtern folgten
ihnen nach.

Ueber bas entmannte Lanb setzte Nebukabnezar ben britten Sohn
bes Josia, ben jungen Methania, von nun an Zebekla genannt. Die
Knechtschaft bes Lanbes war bamit für immer entschieben. — Unter
solchen Umstänben läßt sich ber grimmige Haß bes Volkes gegen bie
Unterbrücker begreifen, bie bes Volkes beste Kraft gebrochen unb bie
Blüthe bes Lanbes in's Exil geführt; es läßt sich begreifen, baß
Habakuk gegen bie Chalbäer, Obabja gegen ben tückischen Nachbar=
stamm gewaltige Reben schleuberte, unb baß ber zweite Zacharja bal=
bige Rettung weissagte. Um so unbegreiflicher scheint bafür bie
Stellung, bie Jeremia jetzt einnahm. Er begrüßt ben Schattenkönig
Zebekia, ben Vasallen ber Chalbäer, als ob er ber verheißene Messias
wäre. Er ist ihm, ber gerechte Sproß Davibs, ber als König
regieret mit Weisheit unb Gerechtigkeit. Zu seiner Zeit wirb
Juba beglückt unb Israel wohnt sicher; sein Name ist „Jehova
Biblenu." 23, 5. 6. 33, 14. Hörte man ihn, so war mit ber
chalbäischen Herrschaft bas messianische Reich angebrochen. Kein
Wunber. Hatte nicht Jesaja, ber Größte aller Propheten, uner=
müblich vorhergesagt, baß von biesem ganzen Volke nur ein schwacher
Rest übrig bleiben solle, aus bem bas Heil hervorgehen werbe,- hatte
nicht er selbst oft genug erklärt, baß bieses ganze Volk müsse ausge=
rottet werben, bamit Gott sich aus biesem Boben ein neues Geschlecht
erziehe? So bachte er benn jetzt, unter ber ruhigen Oberherrschaft
bes Großkönigs würben bie Zurückgebliebenen, belehrt burch bie Er=
eignisse, bie er alle vorhergesagt, nun lebiglich ben religiösen Pflichten
leben. Darum stemmte er sich mit aller Macht gegen bie, bie
bas Lanb auf's Neue in ben Krieg hineinreißen wollten. Leiber
trat ber König, auf ben Jeremia noch eben so große Hoffnungen ge=
setzt, selbst auf biese Seite. Schon im Anfang seiner Regierung er=
schienen Gesanbte von Moab, Ammon, Thyrus unb Sibon in Jeru=
salem, um ein Bünbniß gegen bie Tyrannei ber Chalbäer zu ver=
einbaren. Jeremia trat ihnen entgegen mit einem hölzernen Joch
um ben Hals unb gab ben Gesanbten Fesseln, sie ihren Königen zu
bringen, benn also spreche Jehova: „Ich habe bie Erbe, bie Men=
schen unb bie Thiere, welche auf ber Erbe, gemacht burch meine große
Kraft unb meinen ausgereckten Arm, unb ich gebe sie, wem es mir
gut bäucht unb nun geb' ich all biese Länber in bie Hanb Nebu=
kabnezar's, bes Königs von Babel, meines Knechtes. Unb bas Volk
bas nicht seinen Hals gibt in bas Joch bes Königs von Babel:
mit Schwert unb Hunger unb Pest will ich ein solches Volk strafen,
spricht Jehova, bis ich es aufgerieben burch seine Hanb." Cap. 27.

„Stecket eure Hälse in das Joch des Königs von Babel, so werdet ihr leben," das war in dieser Zeit das Thema all seiner Reden, daher denn die andern Propheten ihn des Verraths beschuldigten, während er ihnen den Vorwurf der Lüge zurückgab. In jenen Tagen war es, als der Prophet Hananja aus Gibeon weissagte, daß binnen zwei Jahren alle Gefangenen mit sammt der Beute aus Chaldäa zurückkehren würden, und da ihm Jeremia widersprach, nahm Hananja das Joch von seinem Halse und zerbrach es. „So, rief er, spricht Jehova, will ich das Joch Nebukadnezars, des Königs von Babel zerbrechen, binnen zwei Jahren. Und Jeremia, der Prophet ging seiner Wege. Nach wenig Tagen aber trat er Hananja entgegen, angethan mit einem eisernen Joche, und sprach: Hölzerne Joche hast du zerbrochen, aber an ihrer Statt eiserne Joche gemacht. Höre doch, Hananja! Nicht hat dich Jehova gesandt und du hast diesem Volke Vertrauen eingeflößt auf Lügen; darum spricht so Jehova: Siehe ich schaffe dich weg vom Erdboben; dies Jahr stirbst du, denn Abfall hast du geredet gegen Jehova. „Und es starb Hananja, der Prophet, im selbigen Jahre, im siebenten Mond."

Merkwürdiger Weise waren die weggeführten Juden nicht minder zu Meutereien geneigt als die zurückgebliebenen. Auch unter ihnen traten Propheten auf, die verkündigten, Jehova werde Babel zerstören und mahnten, die Hand am Schwerte zu halten und sich bei nächster Gelegenheit nach Jerusalem durchzuschlagen. Um diesem Treiben zu steuern, richtete Jeremia auch an sie ein Schreiben, in dem er die Erulanten von ihren schwärmerischen Hoffnungen abzuwiegeln bestrebt ist. „Bauet Häuser, schreibt er ihnen, und wohnet darin; pflanzet Gärten und esset ihre Früchte. Nehmet Weiber und zeuget Söhne und Töchter und eure Töchter gebet Männern, daß sie Söhne und Töchter gebären und mehret euch daselbst und mindert euch nicht, sondern suchet das Wohl der Stadt, wohin ich euch weggeführt, und betet für sie zu Jehova! denn in ihrem Wohl wird euer Wohl sein." Nach siebenzig Jahren weissagt er dann, wolle Jehova wieder nach ihnen sehen.

Die Weggeführten waren wenig erbaut von diesem Trost. Ihr Prophet Semaja schrieb an den Priester Zephanja nach Jerusalem in ihrem Namen: Jehova hat dich zum Priester gesetzt anstatt Jojadas, des Priesters, daß Aufseher seien im Hause Jehovas gegen Rasende und Prophezeiende, daß du sie legest in Stock und Gefängniß, warum hast du nicht gewehret Jeremia, dem Mann von Anatot, welcher auch prophezeiet? Jeremia antwortete mit der Prophezeiung, daß von Semaja, dem Nehalamiten, keine Nachkommenschaft übrig bleiben solle im Lande.

Wie richtig auch Jeremia die Verhältnisse beurtheilen mochte, die Leidenschaft des Volkes war nicht mehr niederzuhalten. Seine zahllosen Unglücksverheißungen verhallten und bald tönte wieder Waffenklang durch's Land. Vereint mit Pharao Hophra glaubte Zedekia den Kampf aufnehmen zu können. Nebukadnezar erschien auf's Neue in

Paläſtina. Edomiten und Philiſter geſellten ſich zu ſeinen Horden. Die Belagerung Jeruſalems begann und die Juden wehrten ſich wie Verzweifelnde. Während das Waffenglück hin und wieder ſchwankte, fiel es Zedekia ein, zu Jeremia zu ſenden und um ein Orakel zu bitten. „So ſpricht Jehova, war die Antwort, ich wende die Waffen, mit denen ihr ſtreitet wider die Chaldäer außerhalb der Mauer, gegen euch ſelbſt und ſtreite wider euch mit ausgereckter Hand und gewaltigem Arm und großem Grimm. Wer hinaus geht zu den Chaldäern, die euch belagern, der wird ſein Leben als Beute davon tragen, denn ich gebe die Stadt in die Hände des Königs von Babel, daß er ſie verbrenne mit Feuer.“ Neue kriegeriſche Erfolge machten den übeln Eindruck dieſer Unglücksverheißung wieder gut. Als aber auch jetzt Jeremia mit ſeinen Weiſſagungen nicht aufhörte und am Thore ergriffen wurde, wie er die Stadt verlaſſen wollte, da ver= haftete man ihn als Ueberläufer und warf ihn in's Gefängniß. Aber immer noch quälten den König die Zweifel, ſo daß er den Gefangenen insgeheim ins Schloß holen ließ, um ihn nach der Zukunft zu be= fragen. Jeremia beſtand auf ſeiner Meinung und blieb darum auf dem Gefängnißhof verhaftet. Da indeſſen die Kriegsoberſten erfuhren, daß auch von hier Jeremia aufforderte, zu den Chaldäern überzu= gehen, ließen ſie ihn in die Ciſterne des Gefängnißhofes werfen, die zum Glück kein Waſſer hatte ſondern nur Schlamm. Dort ſtand er im Schlamm verſunken, bis Zedekia ihn befreite. In den ſchönen 69. und 40. Pſalmen hat der Prophet ſein Schickſal beſungen. „Hilf mir Gott! denn Waſſer bringt mir an's Leben; ich taucht' in tiefen Schlamm, ohne Grund ſank ich in Waſſertiefen und Fluth über= ſtrömte mich. Ich bin müde vom Rufen, vertrocknet iſt meine Kehle.“ „Und ich harrete des Herrn und er neigte ſich zu mir und hörte mein Flehn. Er zog mich aus der Grube des Verderbens, aus kothigem Schlamm, und ſtellte auf Felſen meine Füße, ſicherte meine Schritte und legt in meinen Mund ein neues Lied.“

„Ich bin elend und arm, ſchließt das zweite Lied, aber Jehova forget für mich.“ Trotzdem lag das Gefühl ſeines Unglücks ſchwer auf ihm. „Entfremdet bin ich meinen Brüdern, ein Unbekannter den Söhnen meiner Mutter. Denn der Eifer für dein Haus frißt mich und des dich Höhnenden Hohn fällt auf mich.“ Noch ein Mal wollte der König von dem Gemißhandelten einen günſtigern Beſcheid er= preſſen, allein Jeremia blieb bei ſeinen Worten. Bereits ſtanden die Chaldäer vor den Thoren zum Sturm bereit. Da zog Zedekia in der Nacht mit den Truppen ab, allein bei Jericho wurden die Flüchtigen eingeholt, gefangen und vor den ſtolzen Chaldäer geführt. Zedekia mußte zuſehen, wie ſeine Söhne und alle Volksführer grau= ſam geſchlachtet wurden. Das war das Letzte, was ſeine Augen ſchauten, dann ward er geblendet und gefeſſelt nach Babel abgeführt. Auch Jeremia ward in Gewahrſam genommen. Man zündete die Häuſer an und die Mauern wurden dem Erdboden gleich gemacht.

(588 v. Chr.) Ehe die Chaldäer abzogen, ließ der Oberste der Leib-
wache Jeremia vor sich kommen und sprach zu ihm: „Jehova dein
Gott hat dieses Unglück geredet wider diesen Ort, denn ihr hattet
gesündigt. Und nun siehe, ich löse dich anjetzt von den Ketten an
deinen Händen. Gefällt es dir mit mir zu gehen, gen Babel, so
komm, gefällt es dir aber nicht, so laß es. Siehe das ganze Land
liegt vor dir, wohin es dir gefällt und wohin es dir beliebt zu gehen,
dahin gehe." Jeremia wählte das Letztere. Mit Geschenk und Zeh-
rung ward er zu Gedalja, dem neuen Statthalter gesendet, während die chaldäischen Truppen mit den Gefangenen der Steppe zuzogen.

Der Prophet nahm nun zu Mizpa seinen Sitz und begann an
der Reorganisation des zurückgebliebenen Volkes zu arbeiten. Eine
glückliche Ernte hob wieder den Muth. Allein Juda sollte nun ein
Mal untergehen. Ein gewisser Ismael, ein unruhiger Geselle, er-
schlug den Statthalter bei einem Gelage und begann eine Schreckens-
herrschaft aufzurichten. Der Aufstand wurde nun zwar niederge-
schlagen, allein ein jäher Schreck vor der Rache Nebukadnezars bemächtigte sich der Gemüther. Vergeblich eröffnete Jeremia ein Orakel,
(Cap. 42.) daß Nebukadnezar sich erbarmen werde. Die bestürzten
Haufen wandten sich zur Flucht und zwangen Jeremia mit ihnen zu
ziehen. Zu Thaphnä wies ihnen Pharao Hophra Wohnungen an
und sie nahmen sie in der eiteln Hoffnung, daß das Schwert der
Aegypter bald Palästina wieder erobern werde. Ebenso unbegründet
freilich war es, wenn im Gegensatz dazu Jeremia feierlich prophezeite,
daß Nebukadnezar auch Aegypten einnehmen werde, und in symbolischer
Handlung sogar den Grundstein zu dessen Thron zu Thaphnä legte. Dieselben Enttäuschungen, die den Propheten durch sein Leben begleitet,
machten auch seinen Lebensabend trüb. Zu viel hatte er von der
Zukunft gehofft und nun klagt er, daß ihm Jehova zur täuschenden
Quelle geworden, zum Wasser, das versiegt.

Der Rest, der von Israel geblieben war, bekehrte sich keineswegs,
wie er erwartet. Vielmehr fingen die Exulanten an, den ägyptischen
Götzen zu dienen und der Königin des Himmels wieder Trankopfer
zu bringen. Als das Jeremia in der Volksversammlung rügte, erhielt er zur Antwort: „Als wir so gethan in den Städten Juda's,
da hatten wir Brod genug, aber seitdem wir abgelassen zu räuchern
der Königin des Himmels, mangelt uns alles und durch Schwert
und Hunger kommen wir um." Ein düsteres Orakel wider diesen
Abfall, eine Weissagung, daß Pharao Hophra das Schicksal Zedekia's
theilen werde (Cap. 44), ist die letzte Lebensspur, die uns von dem Propheten
geblieben. Was weiter aus ihm geworden, wissen wir nicht. Wie
es scheint liegt sein Grab in dem Lande, das er sein Leben lang
vor allen andern Ländern gehaßt und dem er mit seinem letzten Lebenshauch Unheil gewünscht und geweissagt hat.

Der zweite Zacharja. Obadja und die Klagelieder.

Zacharja Cap. 12—14, das Buch des Obadja und die soge=
nannten Klagelieder sind neben Jeremia die letzten literarischen Denk=
mäler aus der Zeit des Kampfes mit den Chaldäern.

Die beiden letzten Kapitel unseres Zacharjabuches rühren
nämlich von einem der vielen Propheten her, an denen diese aufge=
regte Zeit so reich war, und wiederholen noch nachdrücklicher als Je=
remia die Hoffnung, daß aus den in Jerusalem gebliebenen Volks=
resten das Gottesreich hervorgehen werde. Ja der Verfasser weiß
sogar, daß zur Abendzeit plötzlich das große Licht aufgehen werde,
das den Tag des Herrn bedeute. Dennoch ist er selbst der Schwarm=
geisterei des damaligen Prophetenthums sehr abgeneigt. Er weissagt
13, 3 nicht blos die Wegschaffung der Götzen, sondern „auch die
Propheten und die unreine Begeisterung soll Jehova wegschaffen.
Und es geschieht, wenn jemand noch prophezeiet, so sprechen zu ihm
sein Vater und seine Mutter, seine Erzeuger: du darfst nicht leben,
denn Lügen hast du geredet im Namen Jehova's; und ihn durch=
bohren sein Vater und seine Mutter, seine Erzeuger, wenn er pro=
phezeiet. Und es geschieht zu selbiger Zeit, es schämen sich die Pro=
pheten jeglicher seines Gesichtes, wenn sie prophezeien, und kleiden
sich nicht mehr in Mäntel von Haaren, um zu betrügen. Und jeg=
licher spricht: Nicht Prophet bin ich, ein Ackersmann bin ich, denn
jemand hat mich gekauft von meiner Jugend." Auf eine andere Er=
scheinung der Kriegsgeschichte bezieht sich das Buch des Propheten
Obadja, das sich gegen die Edomiten wendet, weil sie bei der
Zerstörung Jerusalems den Chaldäern geholfen und die Israeliten
schadenfroh verspottet hatten. Ein Lied, wie Nomaden es zum Hohn
ihrer Feinde anzustimmen pflegen und in sofern ein bankenswerthes
historisches Dokument, da es uns die Beziehung zwischen beiden
Stämmen klar macht. Daß Jakobs Haus Feuer und Esaus Haus
Stoppel sein werde und kein Ueberbleibsel vom Hause Esau werde
zu finden sein, das ist der wesentliche Inhalt dieses kurzen Redestücks.

An das Ende dieser paläftinensischen Zeit stellen uns denn end=
lich die fünf Klagelieder, die die Tradition dem Jeremia zu=
schreibt. Sie fallen indessen in eine tiefere Zeit. Fünf Jahre nach
der Zerstörung der Hauptstadt schlossen sich die zurückgebliebenen Be=
wohner Jerusalems den Ammoniten und Moabiten im Kampf
gegen die Chaldäer an. Wegführung der letzten streitbaren Männer
und gänzliche Verwüstung des Landes war die Folge gewesen. Schon
eine Weile lag das heilige Land öde und war Jerusalem ein Schutt=
haufen, als die „Klagen" entstanden. Sie sind bereits gehalten in
jenem milden elegischen Ton, der sich in das Schwerste gefunden hat,
und namentlich die mühsam ausgearbeitete Kunstform beweist, daß
sie nicht der leidenschaftlichen Erregung eines Kampfgenossen, sondern
der sinnenden Betrachtung eines Jüngern entstammen. Jede Elegie

enthält 22 Strophen, die sehr künstlich mit den Buchstaben des Alphabets beginnen, nur die fünfte ist nicht alphabetisch. Schwerlich hätte einer der Streiter jener Tage seinen Schmerz in so künstliche Maße gegossen. Offenbar sind die Trümmer Jerusalems dem Verfasser umflossen vom Abendroth der Erinnerung, nicht geröthet vom Blut der Brüder. Aber aufgewachsen auf dieser Brandstätte hat er die Stimmung der Zurückgebliebenen allerdings trefflich wiedergegeben. „Wie sitzet einsam die Stadt, vordem so volkreich! Sie ist eine Wittwe; die Große unter den Völkern, die Fürstin unter den Landschaften ist dienstbar geworden. Jammernd weint sie des Nachts, Thränen auf ihrer Wange. Die Wege nach Zion trauern, weil Niemand zum Feste kommt; ihre Thore sind öde, ihre Kinder wandern in Gefangenschaft vor dem Feinde her. Der Herr verschmähte seinen Altar und verwarf in seines Zornes Grimm König, Priester und Heiligthum. Gedenke, Jehova, was über uns ergangen, sieh unsere Schmach! Unser Besitzthum ist Fremden zugefallen, unsere Häuser Ausländern. Waisen sind wir ohne Vater, unsere Mütter gleich Wittwen. Unser Wasser trinken wir für Geld, unser Holz bekommen wir für Zahlung. Mit Lebensgefahr holen wir unser Brod vor dem Schwert der Wüste. Unsere Haut brennt wie ein Ofen von den Gluthen des Hungers. Knechte herrschen über uns, die Weiber und Jungfrauen schänden sie, die Obersten werden durch ihre Hand gehängt; Jünglinge tragen Mühlsteine Knaben straucheln unter dem Holze. Ein Ende hat unseres Herzens Freude, in Trauer gewandelt ist unser Reigen, entfallen ist der Kranz unserem Haupte. Du Jehova thronest ewig, warum vergissest du unser ganz und gar? Nimm uns wieder auf zu dir, daß wir zurückkehren! Erneuere unsere Tage, wie vor Alters! denn solltest du uns ganz verwerfen, gegen uns zürnen gar zu sehr?"

Der Prophet Hesekiel.

Die Klagelieder sind die letzte Stimme, die aus dem verlassenen Palästina herübertönt. Dann wird es still. Die heilige Stadt bleibt verlassen, da den Juden verboten ist ihr zu nahen; in den Niederungen und fruchtbaren Thälern setzen sich die heidnischen Nachbarn fest; die jüdische Hochebene liegt unbewohnt in trauerndem Schweigen. Aber unter den Weggeführten selbst war bereits ein neues religiöses und literarisches Leben erblüht und. noch ehe der Stamm am Gebirge Juda ausgerottet war, hatte schon der Setzling an den Wasserbächen Babylons Wurzel geschlagen.

Hesekiel, der Sohn des Priesters Busi, war schon nach der ersten Eroberung Jerusalem's 599 mit dem König Jojachim und andern Edeln des Volks von Nebukadnezar als Geißel fortgeführt worden und erhielt im obern Land, am Flusse Chebar (Chaboras),

ber in den Euphrat mündet, seinen Wohnsitz. Hier hatte er ein
Haus, das er mit seinem Weibe bewohnte, und wo er den Stammgenossen, die kamen ihn zu besuchen, seine Reden vorlas.

Das Angesicht gerichtet gegen die Berge Palästinas verfolgte er
die dortigen Ereignisse mit wachsamem Auge und im Gegensatz zu
dem aufrührerischen Geiste seiner Landsleute theilte er die Anschauungen Jeremias über die chaldäische Herrschaft. Weder Heimweh noch
patriotisches Mitgefühl verrücken ihm seinen prophetischen Standpunkt
und seine Worte erinnern an alles Andere eher als an die Stimmung eines Gefangenen, der dem Verzweiflungskampfe seines Volkes
zuschaut. Von Jerusalem werden ihm die größten Gräuel gemeldet
und er glaubt sie alle. Im Geist führt ihn Jehova an die Thüre
des Vorhofs, da sieht er ein Loch in der Wand, und Jehova sagt
zu ihm: Menschensohn brich doch durch die Wand! Als er sie durch-
brochen, findet er eine Thüre und es sprach: Gehe hinein und schaue
die argen Gräuel, die sie hier thun. Da findet er an den Wänden
Bilder von allerlei Thieren und Götzen; siebenzig Aelteste, Jasanja,
der Sohn Saphans, voran, räuchern ihnen und in einem andern unter-
irdischen Gemach findet er die Weiber, welche den Thamnus be-
weinen. (Cap. 8.). Und was unter der Erde vorgeht ist nicht
gräulicher als was oben die Sonne bescheint. Alle Bande der Zucht,
der Scham, des Ehrgefühls sind zerrissen; das Heiligthum des Hauses
und der Familie entweiht, jede heilige Scheu ist gewichen (Cap. 22).
Darum kann der Prophet nur wünschen, daß der Chaldäer recht
bald die Mauern breche und den Ort der Schande austilge. Darum
richtet er sein Angesicht wider die Berge Israels und prophezeiet
wider sie: „Berge Israels hört das Wort des Herrn Jehovas! So
spricht der Herr Jehova zu den Bergen und Hügeln, zu den Thälern
und Gründen: Siehe ich bringe das Schwert über euch und zerstöre
eure Höhen!" Daß ihnen Gott vergebe, legt er sich 390 Tage auf
die linke Seite, nach der Zahl der Jahre, die Israel gesündigt, dann
40 Tage auf die rechte für die weiteren 40 Jahre, die Juda gesün-
bigt. Wenn dann die Nachbarn zu ihm kommen, so finden sie ihn
sitzen vor einem Ziegelstein, darauf die Stadt Jerusalem gezeichnet
ist, er baut Belagerungsthürme um sie, einen Wall und Böcke ring-
um und seine eiserne Pfanne stellt er als Mauer zwischen sich und
die Stadt und so belagert er dieselbe. Dann ißt er wieder Belage-
rungskost, scheert sich Haupt und Bart, die Haare wiegt er in Wag-
schalen, den dritten Theil verbrennt er mit Feuer, den dritten Theil
schlägt er mit dem Schwert in die Lüfte, den dritten Theil nehmen
die Winde mit sich in fernes Land. Ein ander Mal macht er sich
Wandergeräth und legt es in sein Haus, Abends bricht er durch die
Wand, schafft es im Dunkeln vor seine Wohnung und nimmt es
auf die Schultern vor den Augen der Leute. Dies seltsame Gebahren zieht denn eine Menge Neugieriger herbei, selbst Götzendiener
hat er abzuwehren und die Söhne seines Volkes reden über ihn

an den Wänden und in den Hausthüren und schaarenweise drängen sie sich zu. (33, 30.) Deutlicher als in diesen symbolischen Handlungen wagt er sich dann in seinen Reden heraus mit der Verheißung, daß ganz Juda Beute der Chaldäer werde. Er schildert die Chaldäer- fürsten wie Adler, die nach dem Libanon fliegen und Cedernwipfel abbrechen, sie als Stecklinge hier und dort in der Steppe zu setzen, Joachas und Zedekia aber als zwei Löwen, denen man Ringe durch die Nase zieht, um sie im Käsig herumzuführen. (19.) Endlich nahte denn auch diese Verheißung ihrer Erfüllung. Nebukabnezar zieht mit seinem Heere gegen Jerusalem und Hesekiel begleitet ihn im Geist. „Am Scheideweg, meldet er 20, 21, hält der König von Babel, um sich wahrsagen zu lassen; er schüttelt die Pfeile, befragt die Thera- phim, beschauet die Leber des Opferthiers; in seine Rechte fällt das Loos um Jerusalem, die Sturmböcke zu errichten, einen Wall auf- zuschütten, Thürme zu bauen, das Feldgeschrei vor den Thoren zu erheben. Du aber, Fürst Israels, verruchter Frevler, dein Ende naht. Abgenommen wird dir der Kopfbund und abgehoben die Krone; das Niedrige erhöhe ich und das Hohe erniedere ich. Verstört, ver- stört will ich sie machen."

Als der Prophet erfahren, daß Nebukabnezar vor Jerusalem stehe, da setzt er seine Pfanne über die Kohlen, gießt Wasser zu und füllt sie mit Fleisch und Knochen. Dann trägt er Holz auf Holz herzu; es siedet; um so mehr schürt er; es kocht gar, er rührt weiter bis die Knochen verbrennen. Dann stellt er die Pfanne leer auf die Kohlen, glüht sie und reinigt sie. Das soll das Schicksal Israels sein, erklärt er den Nachbarn. Da geschah es im zwölften Jahre im zehnten Mond, im fünften Tag seit des Propheten Wegführung, da kam zu ihm ein Flüchtling aus Jerusalem und sprach: die Stadt ist geschlagen. Die Verheißungen des Propheten hatten sich erfüllt. Noch einen Schritt weiter aber begleitet Hesekiel die Ereignisse, die wir aus Jeremia's Leben schon kennen. Wie Obadja wendet er sich in Cap. 25. und 35. gegen die Ammoniten, Moabiten, Edomiten und Philister, die über Jerusalems Fall triumphiren, indem er ihnen das gleiche Loos vorhersagt. Auch in anderer Beziehung ist er mit Jeremia einer Meinung. Auch er gibt sich dem Glauben hin, daß Nebukabnezar sich nun gegen Phönikien und dann gegen Aegypten wenden werde und in einer Reihe von Reden (27—31) stellt er beiden Ländern den schrecklichsten Untergang in Aussicht. Allein die chal- däische Politik war besonnener als ihr Prophet. Seit die Meder Assyrien an sich gerissen hatten, waren sie den Chaldäern gefährliche Nachbarn. Nebukabnezar war darum zufrieden, die Küste genommen zu haben und zog vor nach Babylon zurückzukehren, um durch um- fängliche Wasserbauten die Gränzen des Landes zu decken und durch kolossale Mauern seine Hauptstadt uneinnehmbar zu machen. So war die Welt für eine Weile zur Ruhe gekommen und die durch die letzten Zuzüge verstärkte jüdische Gemeinde mußte sich auf eine längere

Gefangenschaft einrichten. Synagogen entstanden, regelmäßiger Gottesdienst ward eingeführt, Leviten und Propheten vergaßen den alten Hader, um gemeinsam an der Erhaltung des väterlichen Brauchs zu arbeiten.

Auch Hesekiel wartete dieses Amtes. Wie der Verfasser des Königsbuchs in dieser Zeit die Verschuldungen Israels aufzeichnete, die das Volk so weit gebracht, so wird auch Hesekiel nicht müde, seinen Stammgenossen die Sünden der Väter in ihrer ganzen Nacktheit vor Augen zu stellen. Ephraim und Juda sind ihm zwei Dirnen, die in Sünde und Schande versunken Jedermann zum Abscheu geworden sind (Kap. 16 u. 23), aber zugleich weist er darauf hin, wie das Volk wieder rein werden könne von seiner Missethat.

Seine Gedanken wenden sich zurück zu den Tagen, da die Väter in Aegypten gefangen gewesen und doch auch wieder frei geworden. Wie damals das sündige Geschlecht geläutert aus 40jähriger Wanderung hervorging, so soll es auch jetzt geheiligt und geläutert werden und dann eine glückliche Heimkehr feiern. Wiederum heißt ihn (36, 6) Jehova zu den Bergen und Hügeln, zu den Thälern und Gründen Juda's sich wenden, die die Schmach der Heiden jetzt tragen und er verkündigt ihnen: Ihr Berge Israels sollt eure Zweige treiben und eure Frucht tragen für mein Volk Israel, denn siehe ich wende mich zu euch, daß ihr gebauet und besäet werdet. Und ich vermehre auf euch Menschen, das ganze Haus Israel allzumal. Einen neuen Bund, (24, 23) will Jehova mit dem Volke schließen, einen Bund des Friedens. „Ich tilge die wilden Thiere aus dem Lande, daß sie sicher wohnen in der Wüste, und schlafen in den Wäldern. Und ich mache sie, und was ringsum Hügel ist, zum Segen und lasse Regen fallen zu seiner Zeit und segensreiche Regen sollen sein. Sie sollen nicht mehr ein Raub der Völker sein und die Thiere der Erde sollen sie nicht fressen." Ehe sie aber das heilige Land wieder einnehmen werden, wird Jehova eine gründliche Läuterung mit ihnen vornehmen. „Ich will die Abtrünnigen aussondern, sie sollen nicht wieder nach Jerusalem kommen. Reines Wasser sprenge ich über euch, daß ihr rein werdet; ein neues Herz und einen neuen Geist gebe ich in euer Inneres und nehme das Herz von Stein aus euerem Leibe und gebe euch ein Herz von Fleisch aus meinem Geiste, daß ihr in meinen Satzungen wandelt." Und ihr sollt mein Volk sein und ich will euer Gott sein (36). Dann wird Jehova sogar seinen Knecht David wieder aus dem Scheol holen und ihn zum Könige setzen im neuen Lande, damit er regiere mit Kraft und Gerechtigkeit wie vordem.

Am Glänzendsten freilich hat der Prophet diesen Gedanken der Wiedererneuerung der erstorbenen Nationalität geschildert in der prachtvollen Vision Kap. 37, wo nicht David allein, sondern alle Gerechten wieder aus dem Grabe hervorgehen, die jetzt in Jerusalem, am Nil, am Euphrat und Tigris schlummern. „Ergriffen wurd' ich von der

Hand des Ewigen. Sie trug mich fort nach einem weiten Thal und setzte mich in dessen Mitte nieder. Ich blickte um mich und sah ausgebreitet ringsum gehäufelt liegen menschliche Gebeine. Jehova führte mich an ihnen hin und her und zeigte mir, wie ausgedörrt sie waren. Dann sprach er: Menschenkind meinst du, daß die Beine hier einst wieder leben werden? Ich sprach: das weißt nur du, du Ewiger! Er sprach zu mir: Verkündige und rufe ihnen zu: Ihr Todtenbeine vernehmt durch mich das Wort des Ewigen. Es spricht Jehova Gott: Ich bringe in euch den Geist zurück und ihr lebt wieder auf. Ich geb euch Sehnen, lasse wachsen Fleisch und überziehe es mit Haut und hauche euch Odem ein, auf daß ihr mich erkennt. Da weissagte ich, wie mir geboten ward und wie ich redete ließ sich ein Rauschen hören, denn die Gebeine flogen aneinander und Sehnen schlangen sich um sie und Fleisch wuchs an und eine Haut zog sich darüber. Doch war darin kein Odem. Da sprach er weiter: Menschensohn verkünde auch dem Odem und gebiete in meinem Namen: Komme Odem aus den vier Winden her und wehe die Todten an und mache, daß sie leben. Und als ich sprach, wie er geboten, da fuhr der Odem in sie und sie lebten und standen auf den Füßen, ein sehr großes Heer. Und die Erscheinung schwand. Er aber sprach zu mir: du Menschenkind, was du gesehen, das ist Israel! Jetzt sind wir, sprechen sie, verdorrt Gebein, verschwunden ist die Hoffnung, es ist aus mit uns. Drum gehe hin und sprich zu ihnen: Ich werde öffnen eure Gräber und steigen lassen euch aus euren Todtengrüften und bringen euch, mein Volk, zurück zum Boden Israels. Dort sollt ihr mich als euren Gott erkennen."

Schon diese wenigen Stellen zeigen, wie eine religiöse Vertiefung und eine mehr innerliche Beschäftigung mit Jehova eintrat, seit der Geist nicht mehr von den Tagesereignissen und dem politischen Wechsel in Anspruch genommen war. In der That ist die Literatur des Exils und so vorzugsweise unser Prophet gerade an theologischen und spekulativen Betrachtungen reich. Namentlich die Frage nach der Gerechtigkeit Gottes ist es, die sich in dieser Zeit immer quälender in den Vordergrund drängt. Wenn Israel im Kampf unterlegen ist um seines Unglaubens willen, warum hat denn Chaldäa gesiegt trotz seines Götzendienstes? Wenn Jehova wirklich einen Bundesvertrag gemacht hat mit seinem Volke, warum erfüllt er denn seine versprochenen Leistungen nicht, jetzt wo das Volk zerknirscht und bußfertig jedes Titelchen des Gesetzes zu halten bestrebt ist? Wenn jeder Gerechte erhalten soll nach seinen Werken, warum sind denn in Jerusalem Gerechte und Ungerechte zumal untergegangen? Das waren die Fragen, über die die Denker des Volks grübelten und auf die erst die Zeit des Buches Hiob die letzte Antwort zu geben vermochte. Dieses Geschlecht hatte zur Erklärung des Räthsels nur die eine Lösung bereit, daß der Gerechte leide für den Ungerechten, daß Gott die Sünden der Väter heimsuche an den Kindern

bis in's dritte und vierte Glied. Dann aber bäumte sich das Ge=
rechtigkeitsgefühl des Einzelnen wieder mächtig auf gegen eine solche
Lösung; der Einzelne wollte nicht verantwortlich sein für die Thaten
der Andern und es kam das ironische Sprüchwort in Umlauf: die
Väter haben Heerlinge gegessen und den Söhnen werden die Zähne
stumpf. „Bei meinem Leben spricht der Herr, ruft darum Hesekiel
(18, 2), warum führt ihr solch ein Sprüchwort? Siehe alle Seelen
sind mein, wie des Vaters Seele, so des Sohnes Seele, mein sind
beide; die Seele, welche sündigt, die soll sterben. So ein Mensch
gerecht ist und Recht und Gerechtigkeit übt, leben soll er, spricht der
Herr. Zeuget er aber einen frevelhaften Sohn, der Blut vergießt,
nicht soll er leben, getödtet soll er werden; sein Blut komme auf ihn.
Doch siehe zeuget er einen Sohn und er siehet alle Sünden, die sein
Vater gethan hat, siehet sie und thut nicht desgleichen: selbiger soll
nicht sterben um die Missethat seines Vaters leben soll er. Der
Frevler aber, der sich kehrt von all seinen Sünden, die er gethan
und beobachtet alle meine Satzungen und übet Recht und Gerechtig=
keit, leben soll er, nicht sterben. Denn ich habe nicht Wohlgefallen
am Tode des Frevlers, spricht der Herr Jehova, sondern ich will,
daß er sich bekehre von seinem sündigen Wesen und lebe."

Allein die Einwendungen des Volks waren damit nicht besei=
tigt, man sprach dennoch: „der Weg des Herrn ist nicht recht." Man
berief sich darauf, daß wie der Herr vor Zeiten sich Sodom und
Gomorrhas erbarmen wollte, falls er 7 Gerechte darin fände, so
strafe er auch den Gerechten um der Sünden der Andern willen.

Darum erläßt Hesekiel (14, 12 vgl. auch 33, 10) schon wäh=
rend der Belagerung Jerusalems folgendes Orakel: „Menschen Sohn,
so ein Land wider mich sündigte und sich verginge und ich meine
Hand dawider ausstreckte und ihm die Stütze des Brodes zerbräche
und ihm Hunger zusendete und aus ihm ausrottete Menschen und
Vieh; und es wären drei Männer in seiner Mitte: Noah, Daniel
und Hiob: so würden sie durch ihre Gerechtigkeit ihre Seelen er=
retten, spricht der Herr. Wenn ich wilde Thiere in das Land brächte,
die darin würgten und es zur Einöde würde, daß niemand durch=
zöge, um der Thiere willen: so würden diese drei Männer in seiner
Mitte weder Söhne noch Töchter erretten, sie allein würden errettet,
das Land aber würde zur Einöde werden."

Dieser Theorie gegenüber blieb aber eben doch immer die That=
sache unverhüllbar, daß trotzdem nicht selten der Gerechte unterging
und der Ungerechte schwelgte in den Gütern des Glücks und man
mußte dafür nur den argwöhnischen Trost der Freude Hiobs, daß der
scheinbar Gerechte heimlich um so größere Sünden begangen habe.
Die theologische Lösung der Frage, die die Vergeltung einer andern
Welt zuschiebt, hat Hesekiel 32, 17 und 37 gestreift. Das Bild
der Auferstehung der Gerechten zum großen Tage Jehovas ist ihm
zwar zunächst nur ein Symbol der Regeneration seines Volks, das

sich aus seinem Elend wieder erheben soll, aber aus dem Bilde wird
bald ein Dogma und schon der babylonische Jesaja verbindet mit
dem Glauben an die Erlösung aus dem Exil auch den Glauben,
daß Gott die Gerechten Israels wieder lebendig machen wird und
heimführen in's messianische Reich.

Noch manche andere theoretische Frage hat in ähnlicher Weise
das Gemüth des Propheten beschäftigt und es ist das ein Symptom, daß
sich mit dem Erlöschen des nationalen Lebens der Blick von den Ereignissen der äußern Welt nach innen wandte, und an Stelle der
politischen Agitation das kontemplative Element Platz griff, wie
denn Hesekiel selbst fühlt, daß er nicht mehr wie die frühern Propheten gesandt sei gegen allerlei Fürsten und Könige, Länder und
Völker, sondern zur Erbauung seiner eigenen Gemeinde berufen. Aber
auch nach einer andern Seite hin zeigt er uns den Umschlag der
prophetischen Art. Waren vordem die Propheten der Leviten größte
Feinde gewesen, hatte ein Jesaja gegen den Tempeldienst gedonnert,
ein Jeremia eine Zeit geweißagt, in der sich Niemand mehr küm-
mern werde um die Bundeslade, so fühlt Hesekiel jetzt, daß auch im
äußern Brauch, in der Aeußerlichkeit des Lebens eine Garantie
liege gegen das Eindringen heidnischer Elemente. Das orthodoxe Le-
vitenthum und das freireligiöse Prophetenthum gehen jetzt in einander ein und Hesekiel ist Beides levitischer Prophet und prophetischer
Priester, denn gegenüber der jetzigen Lage des Volks haben die alten
Gegensätze ihre Bedeutung verloren. So erklären sich die letzten 8
Kapitel unseres Buches, die den Entwurf eines neuen Tempels und
einer neuen Verfassung enthalten, in der der Prophet alle Räumlich-
keiten eines neuen Tempels, alle Pflichten der künftigen Priester und
alle Ordnungen für die Opfer und Opferküchen mit unendlicher Sorg-
falt aufzählt. —

Man hat in dem Allem eine Entartung des prophetischen Wesens sehen wollen und neuerdings sehr ungünstig über den „Stuben-
propheten" geurtheilt. Daß im wirklichen Volksleben, wenn der
Prophet seine Reden auch öffentlich hätte halten müssen, manches
utrirte Bild und manches Anstößige weggefallen wäre, ist das Wahre
an der übrigens übertriebenen Polemik. Nicht zum Vortheil jüdischen
Geschmacks greift auch bereits in diesen Visionen das symbolisch alle-
gorische Element um sich, das in der Kunst der Babylonier eine so
große Rolle spielte. Indessen ist für historische Persönlichkeiten der
ästhetische Maßstab ein sehr unzureichender und wo einer wie Hesekiel
für die Erhaltung seines Volks so Großes geleistet, da fragen wir
nicht danach, ob in seinen Schriften jedes einzelne Bild unserem Ge-
schmack entspreche.

Der babylonische Jesaja und seine Genossen.

Von den spätern prophetischen Erzeugnissen des Exils sind uns einige Stücke erhalten worden im Buch des Jeremia Kap. 50 u. 51, im Buche des Jesaja, als dessen Werk sie fälschlich galten, Kap. 21 1—10; 13—14, 23 und die 26 letzten Kapitel des ganzen Werks. Nichts hat so sehr der Meinung Vorschub gethan, daß die Propheten ferne Ereignisse vorherzusagen vermocht und Wahrsagerei getrieben hätten, als der Umstand, daß hier der vermeintliche Jesaja sich mit Ereignissen der chaldäischen Zeit beschäftigt. Daß das letztgenannte größere Buch an die Schrift des Jesaja angehängt wurde, pflegt man mit der Annahme zu erklären, daß der Verfasser auch Jesaja ge= heißen habe, wie denn in der That unter den rückkehrenden Israeliten sogar zwei Männer dieses Namens erwähnt werden. (Esra 8, 7. Nehemia 11, 7). So wollen auch wir bei der üblichen Benennung stehn bleiben und den Verfasser von Jes. 40—66 den babylonischen Jesaja nennen.

Der unmittelbare Eindruck dieser Stücke ist der einer gewaltigen Umwandlung, die mit dem Volke Israel vorgegangen. Zunächst ist schon der Hintergrund ein ganz anderer. Nicht mehr die Cedern des Libanon, die Eichen Basans, die waldgekrönten Berge Sama= riens hören wir rauschen, sondern die endlose Steppe dehnt sich vor uns aus; von öden Kahlhöhen und sumpfiger Niederung, von den Fernen der Erde und der Weite des Himmels, vom ermattenden Wüstenweg und vom trügerischen Wasserschein, vom Sand, der Gluth= hitze aushaucht, und der Steppenblume, die am Mittag verdorrt, vom stillen Sternhimmel und dem Südsturm, der in der Wüste einher= fährt im graunvollen Land, von Straußen und Schakalen, von der plumpen Trappe und der leichten Gazelle, vom zeltenden Hirten und unstäten Araber ist die Rede und wir fühlen, wie hinter dem Spre= cher die endlose Steppe sich dehnt und welchen Eindruck ihre Eigen= thümlichkeit auf die hierhergeführten Fremdlinge gemacht hat. Das dumpfe Brausen in der Ferne, die unerklärbaren Nachtlaute der ein= samen Ebene, ihr Leben und Weben und Rauschen fällt ihnen be= ängstigend auf und von den Eingebornen lernen sie den Glauben, daß dort die Dämonen hausen und das Todtengespenst klagende Laute ausstoße. Und wie das Auge in unendliche Fernen hinausträgt, so geht dem Geist auch der Begriff der Unendlichkeit Gottes auf. Das ist nicht mehr der Stammgott Jehova, der in der Stiftshütte wohnt, und dessen Haus man mit sich führt bei Kriegszügen — nein er thront „über dem Kreise der Erde, indem ihre Bewohner wie Heu= schrecken sind; der da ausgespannt wie ein Florgewand den Himmel und ihn ausbreitet wie ein Zelt zum Wohnen." 40, 22. „Alle Völker sind nur wie ein Tropfen am Eimer, werden dem Staub an der Wagschaale gleichgeachtet." „Hebet zum Himmel eure Augen und schauet auf die Erde unten! Denn die Himmel werden wie Rauch

verqualmen, und die Erde wird altern wie ein Kleid und ihre Be=
wohner werden wie Mücken sterben." Die Unendlichkeit und Erhaben=
heit Gottes war es, die die endlose Steppe predigte und wir würden
Unrecht thun diesen Einfluß der neuen Naturanschauungen auf die
religiöse Vorstellung zu läugnen. Ein ähnliches religiöses Erziehungs=
mittel waren aber auch die geschichtlichen Verhältnisse. Es sind da zwei
entgegengesetzte Erscheinungen zu notiren. Einerseits ist es eine
Thatsache, daß die Israeliten in dem Euphratland bald ihre Heimath
sahen und nur der kleinste Theil von ihnen später nach Palästina
heimkehren mochte, anderseits athmen die Reden des babylonischen
Jesaja einen so glühenden Haß, daß wir nach Ursachen desselben suchen
müssen. Möglich daß der Eindruck auf die Personen verschieden war.
Der Einzelne war frei, die Nation war gefangen und je nachdem
die nationalen Empfindungen oder der Egoismus vorwog, mochte
dem Einen ein Zustand unerträglich dünken, der dem Andern für
Handel und Wandel höchst vortheilhaft schien. Indessen solcher Hohn,
wie ihn der babylonische Jesaja über den gestürzten König Labyned=
Belsatzar ausgießt, die ausdrückliche Verheißung von Jes. 14, 3, daß
sie sollen „einkerkern ihre Kerkermeister und üben Macht über ihre
Dränger und Ruhe bekommen von ihrem Ungemach und ihrer Be=
ängstigung und der schweren Arbeit, die man ihnen auferlegt," sie
weisen doch darauf hin, daß das Loos der verschiedenen Kolonien
ein sehr verschiedenes gewesen sein muß. Nach mehr als einer Seite
hin war indessen dieser Druck wohlthätig. Die letzte Neigung zum
Götzendienst schwand bei dem bessern Theil des Volkes vollends,
seit er die Religion der Tyrannen war. Die Propheten kämpfen
nicht mehr gegen ihn als gegen eine Gefahr für ihr Volk, sondern
sie verspotten ihn als eine Lächerlichkeit ihrer Feinde. „Cedern, sagt
Jesaja 44, haut sich der Thor, holt sich Steineiche und Eiche; die
Hälfte davon verbrennt er mit Feuer, über der Hälfte ißt er Fleisch
und den Rest davon macht er zu seinem Gotte. Der Zimmermann
zieht die Schnur, zeichnet es mit dem Stifte, fertigt es mit dem
Hobel und mit dem Zirkel zeichnet er es. Macht es gleich eines
Mannes Gestalt, gleich einem stattlichen Menschen. Sie sehen nicht
ein und begreifen nicht, verklebt, daß sie nicht sehen sind ihre Augen,
vor irgend Verständniß ihre Herzen. Keine Einsicht ist da, daß er
dächte: die Hälfte hab' ich mit Feuer verbrannt, hab auf den Kohlen
Brod gebacken, briet Fleisch und aß, und den Rest davon sollt ich
zu einem Götzen machen, sollte niederfallen vor einem Holzklotz?"
Eine Polemik, die sich in solcher Ironie ergeht, ist weit entfernt
sich zu fürchten. Ebenso dienen die andern heidnischen Bräuche nur
dazu, dem gläubigen Theil der Gemeinden gleich auch hassenswerth
erscheinen zu lassen, was ihm zuvor nur verboten war. „Die sich
heiligen und sich reinigen für die Gärten, die Schweinefleisch essen
und den Greuel und die Maus," die sind ihre Zwingherrn, so er=
scheint ihr Brauch doppelt abscheulich. Freilich werden 65, 1 auch

Israeliten namhaft gemacht, die opfern in den Gärten und räuchern auf den Ziegelsteinen, die da sitzen in den Gräbern und in den Wartthürmen übernachten, die da Schweinefleisch essen und deren Geräthe voll Brühe unreiner Thiere." Allein sie sind auch der Abscheu des Volks. In ihnen sieht der Prophet den Grund, warum der gläubige Theil der Gemeinde den Drangsalen des Erils ist unterworfen worden. Der Gerechte muß leiden für den Ungerechten, das ist die Annahme, durch die sich der Israelite den Widerspruch erklärt, daß trotz des theokratischen Bundesvertrags, dennoch der Gerechte noch immer nicht glücklich sei. Dieser Ueberzeugung entflossen die hochpoetischen Reden des zweiten Jesaja von dem Knechte Gottes, der der Welt Sünde trägt. Schon Jeremia hatte (30, 10; 46, 27) nach der Zerstörung Jerusalems Israel als Volkspersönlichkeit bezeichnet mit dem Namen eines Knechtes Gottes oder besser übersetzt eines Gottesdieners. So redet auch unser Prophet 41, 8 die gläubige Gemeinde an mit den Worten: „Du Israel mein Knecht, du Jakob, den ich mir erkor, du Same Abrahams, meines Freundes, du den ich erfaßte an den Enden der Erde, zu dem ich sprach: du bist mein Knecht." Als solcher wird denn das treue Volk beschrieben in seiner unscheinbaren Gestalt, wie es jetzt zu schauen ist, als der demüthige Knecht Gottes. „Sieh da mein Knecht, an dem ich festhalte, mein auserwählter, den meine Seele liebt: ich lege meine Hand auf ihn, das Recht wird er den Leuten offenbaren. Er wird nicht schreien und nicht prahlen, noch auf der Straße sich laut hören lassen. Geknicktes Rohr wird er nicht brechen und glimmenden Docht löscht er nicht aus, nach Wahrheit thut er kund das Recht, er wird nicht matt, noch kraftlos werden, bis daß er gegründet im Lande das Recht, indem die Küsten seiner Lehre harren." Wenn er trotz seiner Gerechtigkeit dennoch Leiden trägt ohne Zahl, so ist es um der Sünden der Welt willen. Das werden bereinst noch die Menschen erkennen und einst werden sie noch sprechen (53, 2): „Nicht Gestalt hatte er und nicht Schönheit, daß wir auf ihn schauten und kein Ansehn, daß wir sein begehrten. Verachtet war er und verlassen von den Menschen, ein Mann der Schmerzen und wohl kennend Krankheit und wie Einer, vor dem man das Antlitz verhüllt; verachtet und nicht achteten wir seiner. Allein unsere Krankheit, er trug sie, und unsere Schmerzen lud er sich auf; und wir achteten ihn geschlagen, getroffen von Gott und gequält. Und er war verwundet ob unserer Sünden, zermalmt ob unserer Missethat. Die Strafe lag auf ihm, auf daß wir Frieden hätten und durch seine Wunde sind wir geheilt. Wir alle wie Schafe irrten wir, jeder seines Weges zogen wir, Jehova aber warf auf ihn die Schuld von uns allen. Mißhandelt ward er und obschon gequält that er doch nicht seinen Mund auf, wie ein Lamm, das zur Schlachtbank geführt wird, wie ein Schaaf, vor seinen Scheerern verstummend; und that nicht auf seinen Mund. Durch Drangsal und Strafgericht ward er hinweg-

gerafft und sein Geschick, wer bedachte es? Daß er ward gerissen
aus dem Lande der Lebendigen, ob der Sünde meines Volkes ein
Schlag ihn traf? Und man machte bei Frevlern sein Grab und bei
dem Verbrecher in seinem Tode; ob er gleich kein Unrecht gethan
und kein Betrug in seinem Munde. Aber Jehova gefiel es, daß
die Krankheit ihn zermalmte, wenn du machst zum Schuldopfer sein
Leben! Er wird Kinder schauen, lange leben und Jehova's Geschäft
wird gelingen in seiner Hand! Frei von Leiden seiner Seele wird
er sich sättigen des Anblicks, durch seine Einsicht gerecht machen wird
mein gerechter Knecht Viele; und ihre Sünden tragen wird er. Darum
geb ich ihm Theil unter Mächtigen und mit Starken soll er theilen·
Raub; dafür daß er ausgoß dem Tode sein Leben und zu den Sün=
dern gerechnet ward, während er doch die Schuld Vieler trug und für
die Sünde eintrat." So hatte sich der Prophet das dunkle Schicksal
der gläubigen Gemeinde zurecht gelegt, indem er auf die Lehre von
dem stellvertretenden Leiden des Gerechten fiel. Eine spätere Zeit
erkannte in einem Höheren den Knecht Jehovas, der um der Welt
Sünde willen Schmach gelitten und so ist dieses Wort des Propheten
Anstoß geworden zu einem der wichtigsten Dogmen der christlichen
Religion.

Das war der Gedankenkreis, in dem die hebräischen Kolonisten
sich bewegten, in dem ihr religiöses Leben frisch und ihr nationales
Bewußtsein lebendig blieb. Da traten neue politische Konstel=
lationen ein, die ganz dazu angethan waren, die Israeliten zu neuen
Hoffnungen aufzuregen. Nämlich schon mit Nebukadnezar's Tod 561
rückte die Aussicht auf Befreiung den Exulanten näher.

In jener Zeit nämlich war es als Cyrus, der Perserfürst, die medi=
sche Dynastie stürzte und mit seinen kriegstüchtigen Persern das medische
Weltreich vom Halys bis zum Tigris sich unterwarf. Er muß einer
jener gewaltigen Menschen gewesen sein, die schon durch ihr Er=
scheinen die Massen mit sich reißen. Die kleinasiatischen Völker haben
seine Herkunft und Jugendgeschichte mit rührenden Sagen umkleidet,
die hebräischen Propheten ihn als den endlich erschienenen Messias
begrüßt.

Der Krieg hatte in der Nachbarschaft begonnen und den Juden
die Hoffnung sofortiger Erlösung erweckt, allein nach und nach zog
sich der Kriegsschauplatz dem Westen zu. Am Halys wurde der
Kampf von Krösus, dem Verbündeten des Meders Astyages, fortge=
setzt und erst nach 20jährigem vergeblichem Hoffen der Israeliten
wendete sich Cyrus gegen Babylon. Das Herz pochte den Männern
Israels, als sie die Kunde vernahmen. „Wie Stürme im Süden
daherfahren, sagt ein Prophet (Jes. 21), so kommt es aus der Wüste,
aus dem grauenvollen Land. Ein schwer Gesicht ward mir kund,
der Räuber raubt, der Zerstörer zerstört! Zeuch heran Elam! Be=
lagert ihr Meder! All ihrem Seufzen setz ich ein Ziel!" „Geh,
sprach der Herr zum gleichen Propheten, stelle einen Wächter aus,

der da verkündigt, was er sieht. Der saß Züge paarweise von Rossen, Züge von Eseln, Züge von Kameelen. Und aufhorcht er, hoch aufhorchend. Und er rief: ein Löwe! Auf der Warte Herr stand ich immerfort am Tage und auf meinem Posten stand ich alle Nächte; siehe da kamen Züge, jeder paarweise von Rossen. Dann hob er an und sprach: es fällt, es fällt Babel; all seine Götzenbilder schmettert er zu Boden! Du mein zertretenes, mein zermalmtes Volk! Was ich gehört von Jehova der Heerschaaren, dem Gotte Israels thue ich dir kund!" Die gleiche Botschaft hat der Verfasser von Jeremia 50 u. 51 zu bestellen und besonders grimmigen Haß hegt der Prophet in der Brust, der Jesaja 13 seine Landsleute zum Abfall auffordert, denn Jehova bringe jetzt Erlösung seinen Erwählten, der Tag des Gerichts breche jetzt an. „Auf kahlem Berg erhebet Panier, rufet ihnen laut zu, winket mit der Hand, daß sie einziehen in die Thore des Tyrannen!" Die furchtbarste Verstörung wie Sodom und Gomorrha verheißt er der Stadt. Ihre Kinder werden zerschmettert vor ihren Augen, geplündert werden ihre Häuser und ihre Weiber geschändet. Babel wird zum Trümmerhaufen, „Babel, der Königreiche Preis, der prachtvolle Stolz der Chaldäer, wie die Zerstörung Gottes, Sodom und Gomorrha. Sie liegt ungebaut für immer, nicht bewohnt für und für. Nicht tränket dort der Araber und Hirten lassen dort nicht lagern. Es lagern dort die Steppenthiere und es erfüllen ihre Häuser Marder, es wohnet daselbst der gefräßige Vogel und Feldteufel hüpfen dort herum. Und es heulen Wölfe in ihren Pallästen und Schakale in den Schlössern des Schwelgens." Belsazar der König aber fährt zum Scheol hinab und dort begrüßen ihn die Schemen mit dem höhnischen Lied: Wie bist du doch vom Himmel gefallen, du Morgenstern!

Während die hebräischen Propheten so sicher auf die Niederlage Babels rechnen, waren die Babylonier selbst bester Zuversicht. Nebukadnezar hatte ihre Stadt uneinnehmbar gemacht nach ihrer Meinung, denn die Mauer war so dick, daß kein Sturmbock eine Bresche stoßen konnte und so hoch, daß kein Geschoß hinaufreichte. Man überließ sich ausgelassenen Festen in der Stadt — „sie ordnen den Tisch an, breiten die Decke, sie essen und trinken — auf ihr Fürsten, salbet den Schild! ruft Jesaja 21, 5. Die Israeliten der Provinz waren nun schon der Chaldäer ledig geworden. In raschen Märschen hatte Cyrus das obere Babylonien durchzogen und die Chaldäer vor sich hergetrieben. Die Propheten Israels, überwältigt von seiner Erscheinung, rufen ihn als Messias aus. „Tröstet, tröstet mein Volk, beginnt der zweite Jesaja, sprecht Jerusalem Muth ein und ruft ihr zu, daß vollendet ihr Dienst. Auf hohen Berg steigt hinan, Freudeboten Zions!" „Wer erweckte ihn vom Aufgang her, ruft er Cap. 41, dem Heil begegnet auf jedem Schritt? Der die Völker vor sich hertreibt und die Könige vor sich niederwirft? Wer that es und vollbrachte es? Ich Jehova, der zu Cyrus spricht: mein Hirt; all meinen Willen soll er vollbringen, zu Jerusalem sprechen: Werde erbaut, zum Tempel: werde gegründet." „Jehova spricht zu Chrus seinem Mesias, du den ich halte bei seiner Rechten, dem ich die Pforte öffne und kein Thor verschlossen lasse! Ich will vor dir hergehen, will die Hecken ebenen, die eisernen Pforten zersprengen und die eisernen Riegel zerbrechen, damit du erkennst, daß ich Jehova, der Gott Israels, dich bei deinem Namen gerufen um meines Knechtes Jakob willen. Ich gürtete dich ehe du mich kanntest. Ich gebe dir den Erdkreis, auch die Sabäer sollen vor dir niederfallen und rufen: nur bei dir ist Gott und außer ihm keiner." Aber die Wünsche der Juden waren wiederum den Thatsachen weit vorausgeeilt.

Es sollte das Volk Israel noch 10 schwere Jahre durchleben, ehe auch nur der geringste Theil dieser Hoffnungen sich verwirklichte. Die Mauern der Stadt bewiesen, daß die Chaldäer nicht zu viel von ihnen behauptet hatten. An Aushungerung war nicht zu denken, da weite Felder innerhalb der Stadt selbst lagen. So zog die Eroberung sich hinaus von Jahr zu Jahr. Die unglückliche Stimmung des heiligen Volkes in dieser von schrecklichen Gerüchten heimgesuchten Zeit ist im Anhang zum Buch Jeremia in anschaulichen Bildern geschildert. In jenen Jahren auch sind eine Reihe herrlicher Bußpsalmen entstanden, die meist mit dem Wunsch schließen, Jehova möge Jerusalem's Mauern bauen. Darunter das ewige Lied: „Erbarme dich Herr nach deiner Güte und tilge meine Sünden nach deiner großen Barmherzigkeit." (Pf. 51.) Endlich gelang es Chrus, durch Ableitung eines Euphratarmes, nächtlicher Weile in die Stadt zu bringen. Belsazar mit seinen Höflingen wurde bei einer seiner nächtlichen Orgien überrascht und niedergehauen. Ein Ereigniß, das jüdische Poesie in eigenthümlichen Farben berichtet hat. Im Uebrigen behandelte der edle Perserkönig die Stadt mit großer Milde und statt sie zur Einöde zu machen gleich Sodom und Gomorrha, nahm er selbst seinen Sitz in der nun neu erblühenden Weltstadt.

In anderer Weise aber erfüllte er allerdings die Hoffnungen der jüdischen Propheten. Nachdem er sich in Babylon festgesetzt, ergriff er schleunige Maßregeln, das ihm nun auch angefallene Syrien zu sichern. Er that das durch Reorganisation der phönikischen Städte und indem er den Juden die Erlaubniß ertheilte nach Jerusalem zurückzuziehen und ihren Tempel wieder aufzubauen. Statt der von Jeremia angekündigten 70 Jahre, waren erst 48 verflossen, seit der Zerstörung Jerusalems, als ihnen die Rückkehr gestattet ward. Nicht alle machten Gebrauch von der Erlaubniß. Die Meisten hatten in Mesopotamien eine Heimath gefunden und zogen vor zu bleiben. Die babylonische Judenschaft ist aus ihnen erwachsen. Dagegen die gesammte Priesterschaft, die Geschlechter und Stammhäupter, deren Rang in der Fremde nichts galt, der vormalige Adel des Landes und alle, denen das alte Vaterland am Herzen lag, traten den Zug über den Euphrat an. Es war eine ansehnliche Zahl. Mehr als 42000 Freie mit 7000 hebräischen

Sklaven; 250 Maulthiere, 400 Kameele, 700 Pferde und 7000 Esel trugen die Habe der Heimkehrenden. Mit der Leitung der Expedition war Serubabel betraut, der für einen Nachkommen Davids galt, doch stand er unter Oberaufsicht des syrischen Statthalters. Kyros händigte ihm die heiligen Gefäße des Tempels wieder ein und so zog man ab. Jenem Ungenannten, der sein Volk in den letzten Jahren getröstet hatte, war die Freude beschieden den Abzug zu erleben. „Jehova, so ruft er aus, hat erlöst seinen Knecht Jakob. Wie schön sind auf den Bergen die Füße des Glücksboten, der Frieden verkündigt, der gute Botschaft bringt, der zu Zion spricht, dein Gott ist König." Und nun ergeht er sich in poetischen Bildern von dem neuen Jerusalem, das Serubabel erbauen wird mit Gottes Hülfe. — „Jerusalem ich lege in Bleiglanz deine Steine und gründe dich mit Saphiren und mache von Rubinen deine Zinnen und deine Thore von Karfunkelsteinen, Freude und Wonne ist brinnen, Lobgesang und Saitenspiel. Für die Nationen errichte ich ein Panier, daß sie beine Söhne auf dem Arme bringen und beine Töchter auf ben Schultern hertragen werden. Könige sollen deine Wärter sein und Fürsten beine Säugammen, zur Erde sollen sie sich vor dir beugen und den Staub deiner Füße lecken und du sollst erkennen, daß ich Jehova bin, daß nicht zu Schanden werden, die auf mich harren," Ach es fehlte viel, daß so kühne Aussichten sich verwirklicht hätten!

Haggai und der dritte Zacharia.

Die Karawane, die von den Euphratländern nach den Ruinen von Jerusalem sich wendete, hatte nichts mehr von der Art des alten Israel an sich, dem die Propheten Neigung zum Götzendienst und religiöse Lässigkeit zum steten Vorwurf machten. Nur solche kehrten zurück, denen es mit ihrem Patriotismus so Ernst war, daß sie selbst Haus und Hof in der neuen Heimath dran gaben, um die Theokratie wieder zu errichten. War vordem Gleichgültigkeit gegen Jehova die Schuld des Volkes, so war jetzt eher die Noth des Gegentheils vorhanden. Statt über Neigung zum Götzendienst wird jetzt bald von den Bessern geklagt über die Härte gegen die Samariter und über einen Zelotismus, der in seinem Eifer selbst die Familien zerreißt. Aus dem abgöttischen Israel begann sich das starre Judenthum zu entwickeln. Die Propheten verstummten, Priester und Levit blieben auf dem Platz.

Schon auf dem Zuge hatten die Wallfahrer die alte Ordnung nach Geschlechtern unter zwölf Stammhäuptern wieder hergestellt; mit rigoroser Strenge hatte man aus der Zahl der Leviten alle ausgeschieden, deren Stammbaum nicht in Ordnung war; streng auf Grundlage des Pentateuchs wurde Alles neu geordnet und als man vor Jerusalem ankam, galt es als das erste Geschäft den Tempel wieder aufzurichten. So erhob sich die seltsame Stadt wieder aus den Trümmern, in der alten ungünstigen Lage, abseits vom Weg, auf unfruchtbarer Kalkhöhe, in unschöner Umgebung, nur groß durch den religiösen Gedanken, den sie vertrat und durch ihn jetzt wieder auf's Neue für Jahrtausende ein magnetischer Pol für alle religiösen Herzen.

Die neue Art der heimgekehrten Judenschaft sollte sich bald offenbaren. Das Gerücht von dem wiedererstehenden Tempel lockte die Samariter, ihre Mitwirkung anzubieten, aber die Söhne der Wegführung wiesen stolz dies Anerbieten ab. Sie hielten sich für die Gemeinde der Heiligen, von der Jesaja geweissagt: „Der Rest bekehrt sich," kein Unreiner sollte die Steine des Tempels berühren. Da klagten die Samariter bei Cyrus, als ob der Bau den Frieden gefährde. Cyrus wollte keine Streitigkeiten an seiner syrischen Gränze; so wurde der Bau verboten. Auch sein Sohn Kambyses hielt das Verbot aufrecht. Da trat im Jahr 517, in der ersten Zeit des Darius ein Prophet auf, der greise Haggai, der noch den Salomonischen Tempel in seiner Jugend gesehen, und strafte alle die, die sagten, es sei nicht Zeit des Herrn Haus zu bauen. Hatten sich manche auf ihre eigene Armuth berufen, als sie die gewagte Arbeit verweigerten, so verkündet der Prophet, gerade darum seien sie arm, weil Jehova zürne um der liegen gebliebenen Mauern seines Hauses willen. „Darum säen sie viel und ernten wenig, essen und werden nicht satt, trinken und bleiben durstig, ziehen sich an und werden nicht warm, suchen Lohn und leer bleibt der Beutel, bauen ein Haus und der Wind bläst es weg." Auf diese Mahnungen hin, begann man denn den Bau wieder aufzunehmen, und eine Deputation an Darius hatte so günstigen Erfolg, daß sogar Unterstützung bewilligt wurde, worauf der Bau (514) durch Serubabel zu Ende geführt ward. So konnte Haggai an ihn, den Davidssohn, messianische Erwartungen knüpfen und feierlich eröffnete er ihm ein Wort Jehova's: Sage zu Serubabel dem Statthalter Juda's also: ich bewege bald den Himmel und die Erde, und kehre den Thron der Reiche um und vernichte die Stärke der Reiche der Heiden, kehre den Wagen mit seinen Ländern um, daß die Rosse stürzen mit ihren Lenkern, der eine durch des andern Schwert. An jenem Tage, spricht Jehova der Herr, werd ich dich erwählen Serubabel, Sohn Schealtiel's, meinen Diener, spricht Jehova, und dich wie meinen Siegelring halten, denn an dir hab ich Wohlgefallen!

In gleicher Weise hat Zacharja, der Sohn des Berechja, (Zach. 1—8.) den Serubabel zum Messias ausgerufen. Er, ein jüngerer Zeitgenosse Haggai's, in den gleichen Angelegenheiten thätig, verkündigt dem Hohenpriester Josua den Spruch des Herrn: „Ja ich bringe meinen Diener Sproß! denn siehe ich werde an einem Tage die Schuld dieses Landes heben; an jenem Tage spricht Je-

hova der Herr, werdet ihr einer den andern unter Weinstock und
unter Feigenbaum laden." Und ein andermal redet sein Engel ihm
von Serubabel: „Nicht durch Gewalt und nicht durch Kraft, sondern durch meinen Geist. Wer bist du großer Berg? vor Serubabel werde eben, daß er den Giebelstein bringt zu den Freuden-
rufen: „Gnade ihm!" Und Jehova's Wort kam zu mir also:
„Serubabel's Hände haben dies Haus gegründet und seine Hände
werden es vollenden." Ein ander Mal erhält er den Auftrag eine
silberne und eine goldene Krone zu machen und damit Josua und
Serubabel zu krönen und zu eröffnen: „So sagt Jehova, sieh da
ein Mann Sproß genannt und unter ihm wird's sprossen und er
den Tempel Jehovas bauen, ja er wird tragen Glanz und sitzen und
herrschen auf seinem Stuhle." Der poetische Werth der beiden
Schriften, denn Schriftstellerei ist das ganze Prophetenthum seit
Jeremia wesentlich geworden, ist unbedeutend. „Noch ein Mal, sagt
Ewald, steht um den neuen Tempel eine Art von Propheten auf,
aber umsonst wollen die Schatten wieder leben." Ein Prophetenthum, dessen Mittelpunkt der Tempeldienst ist, das mit Haggai ein
Opfer für unrein hält, weil es der Zipfel des Gewands berührt, das
mit Zacharja in des Hohenpriesters Geleisen einhergeht, oder gar
mit Maleachi zu prophetischen Reden Veranlassung nimmt, wenn
einer ein blindes Thier in den Tempel treibt, ein solches Prophetenthum hat mit dem Geschäft Jesaja's oder Jeremia's wenig mehr
gemein. Vielmehr verhält sich dieses Prophetenthum zu seinem Vorbild wie Elisa zu Elias, der von dem zum Himmel Fahrenden bat:
„zwei Theile deines Geistes mögen auf mich kommen" und Elias —
ließ ihm, statt des Geistes, seinen Mantel. —

Dennoch ist das Buch des Zacharja (1—8) für uns von höch-
stem Interesse. Die ausgebildete Dämonenlehre nämlich der Perser,
der Dualismus zwischen dem Gott des Lichts und dem Herrn der
Finsterniß und ihren beiderseitigen Heeren bringt in dieser Zeit auch
in Israel ein und zum ersten Mal bei Zacharja wird der Rath der
Himmlischen um Gottes Thron und der böse Geist als Ankläger
der Menschen aufgeführt. Die sieben Amschaspands des Ormuzd
gestalten sich bei Zacharja zu den sieben obersten Engeln Jehova's
und sind zugleich als die sieben Augen Gottes gedacht. Der persische Ahrimann, in seiner Gott entgegengesetzten Stellung, verträgt
sich allerdings mit der erhabenen Vorstellung der Propheten von Jehovas Allmacht nicht, aber er tritt, wenn gleich Diener Gottes, doch
wenigstens als der Feind der Menschen und als ihr Ankläger, als
Satan, auf und ist lebhaft mit den Zügen des argwöhnischen persischen Oberstatthalters gezeichnet. Dazu werden die symbolischen
Formen der orientalischen Kunst, die schon Hesekiel adoptirt hatte,
auch von Zacharja weiter gebildet und so hat er seinen in Form
von Traumgesichten gekleideten Prophetien einen dunkeln, räthsel-
vollen Charakter gegeben, der sich sehr wesentlich von der klaren

Einfachheit der Aeltern unterscheidet. So steht er den Engel des Herrn, wie ihm die andern Engel, die über die Erde schweiften, Bericht erstatten; dann erscheinen ihm vier große Hörner, die vier Schmiede zertrümmern und sein Engel erklärt ihm, daß die vier Hörner, die Reiche bedeuteten, die sich gegen Juda erhoben; oder er sieht den Hohenpriester Josua angeklagt vom Widersacher vor dem Engel des Herrn, der Engel aber schilt den Widersacher und spricht Josua los. Dann wird wieder die Bosheit als ein Weib in eine Tonne geschmiedet und von zwei andern Weibern mit Storchenflügeln in ein fernes Land getragen — kurz wir stehen hier schon mitten in der symbolisch allegorisirenden Manier, die fortan einen eigenen, übrigens von außen geimpften Zweig der jüdischen Literatur bildet, deren bekannteste Triebe das Buch Daniel sind und im neuen Testament die Apokalypse.

Der Prophet Maleachi und das Buch Ruth.

Ein halbes Jahrhundert tiefer herab als Zacharja führt uns der Letzte der Propheten, Maleachi. In ihm sehen wir die prophetische Form nunmehr vollständig dem Dienste des levitischen Wesens unterworfen. Maleachi verkündet Gottes Zorn, daß blinde oder sieche Thiere in den Tempel getrieben würden, die jeder Statthalter zurückwiese, und stellt Vergleiche an zwischen den Gaben, die andere Völker Gott darbringen und den Speisen, die auf Jehovas Tisch liegen; er kündet Gottes Fluch dem, „in dessen Heerde ein Männliches ist, der aber gelobt und' opfert ein schlechtes Weibliches. Auch in Betreff des Gedankens und der Form ist eine Erschlaffung eingetreten und wie epigone Zeitalter stets ein Bewußtsein davon haben, daß ihnen der rechte Mann fehle, der die verheißenen goldenen Zeiten bringen könnte, so ist es bezeichnend, daß Maleachi nicht mehr den sofortigen Eintritt des messianischen Reiches weissagt, sondern bevor der große und furchtbare Tag Jehovas kommt, wird zuerst der Prophet Elias wieder erscheinen, um die Welt zum Empfang des Heiles zuzurüsten. So hat der Letzte der Propheten wieder auf den Ersten zurückgegriffen, in dem sicheren Gefühl, daß die Zeit der Propheten nunmehr vorbei sei. Das Prophetenthum war eine Erscheinung gewesen, die nur in Stürmen und Kämpfen gedieh, jetzt war Jerusalem eine Provinzialstadt, in deren Ruhe und Kleinlichkeit dasselbe verkümmerte. Von den gleichzeitigen Verhältnissen wissen wir aus demselben Grunde sehr wenig. Juda war ein Stück persischer Provinz und nichts mehr für sich, so schweigen die Quellen, bis 457 Esra, ein Günstling Artarerres I., mit großen Privilegien ausgestattet, mit einem neuen Zuzug von Exulanten ankam, um am neuen Jerusalem Theil zu nehmen. Er maß die Zustände der neuen Stadt an dem Gesetzesideal, das er, der Vater der Rabbinen, sich in Ba-

bylon von der Stadt Gottes gemacht hatte und erschrack sehr über
die in seinen Augen gesetzlosen Zustände. Ihm ging die Re=
stauration noch lange nicht weit genug. Allenthalben hatten sich die
Eingewanderten in Mischehen mit den Töchtern des Landes einge=
lassen und so einen der ersten theokratischen Grundsätze gebrochen.
Enttäuscht und ergrimmt zugleich ging der mächtige Ankömmling
daran, in seinem Sinn zu reformiren. Die geschlossenen Ehen wurden
zerrissen und die fremden Weiber ausgestoßen, unter Berufung auf
Abraham, der einst die Hagar mit Ismael in die Wüste stieß.
(Mal. 2, 15). Auch unter Nehemia dauerten die gleichen Kämpfe
fort. Wenn Esra's eigene Denkschrift von den Thränen spricht, die
er vergossen, als er den Gräuel der Mischehen gewahr wurde, so
erzählt dafür Maleachi von den bitteren Zähren der Weiber, die die
unerbittliche Restauration von Gatten und Kindern wegtrieb. „Ha=
ben wir nicht alle Einen Vater, frägt der Prophet, hat uns nicht
Ein.Gott geschaffen?" 'Treulos war es gegen Gott, daß ihr heid=
nische Weiber freitet, treulos ist es jetzt, daß ihr sie wieder verstoßt,
„daß ihr mit Thränen Jehovas Altar bedeckt, mit Weinen und Ge=
stöhn, so daß er nicht mehr auf die Opfer blicket, Wohlgefälliges
annimmt aus euern Händen. Ihr sprechet: warum? Darum, daß
Jehova Zeuge ist zwischen dir und dem Weibe deiner Jugend, an
welcher du treulos gehandelt, da sie doch deine Genossin und das
Weib deines Bundes ist."
  Es waren freilich beide=Ansichten hier in einem relativen Recht.
Einerseits hatte es der neuen Kolonie an Frauen gefehlt, als sie
jene Verschwägerung eingegangen, und es war nackte Unbill, nun die
ein Mal angenommenen Frauen in ihrem Alter wieder zu verstoßen,
anderseits lag allerdings immer noch eine gewisse Gefahr für die
Glaubensreinheit in solchen Bündnissen, da die Frau in der Reli=
gion des Hauses doch auch eine Rolle spielt.
  Noch einigermaßen in Kontinuität dieser Fragen steht das Buch
Ruth, das gewiß nicht absichtslos eine Moabitin zur Stamm=
mutter Davids macht. Worüber wir vielleicht hinweglesen, für einen
nacherilischen Juden ist das keine geringe Sache, wenn der Messias
von einer Heldin stammen soll. Die eigentliche Spitze des Büch=
leins aber ist die Empfehlung der Pflichtehe, deren erweiterte An=
wendung dem Verfasser am Herzen liegt. Mit richtigem poetischen
Takt hat der Dichter diese Familienfragen gerade in den anspruchs=
losen Rahmen einer Dorfgeschichte zusammengefaßt und uns in idyl=
lischer Einfachheit und Lieblichkeit ein allzeit frisches Bild des jü=
dischen Volkslebens überliefert. —

Das Buch Hiob.

  Welche Art von geistiger Thätigkeit an Stelle der Beschäfti=
gung mit dem öffentlichen Leben trat, das zeigt uns das Buch Hiob,

das dieser nacherilischen Zeit angehört und sich mit Fragen beschäftigt, die eine sehr entwickelte spekulative Thätigkeit bei dem Volke voraussetzen.

Wir haben seiner Zeit gesehen, wie die Juden ihr Verhältniß zu Jehova auffaßten als einen Bundesvertrag, vermöge dessen sie Gott dienen mit Gerechtigkeit und er ihnen vergilt mit Glück. So entstand die Anschauung, daß Glück, und zwar äußeres Glück, und Gerechtigkeit durchaus korrelate Begriffe seien. So lang das Volk darum Unglück hat, muß ganz gewiß irgend welche Verschuldung auf ihm ruhen. Es war das die Anschauung der ganzen alten Welt. Ist der Wind den Achivern widrig, so muß Agamemnon die Götter beleidigt haben; bricht die Pest aus in Theben, so muß sich Artemis irgendwie gekränkt fühlen; wird ein Schiff vom Sturm überfallen, so muß der prophetische Passagier ein Sünder sein, denn wo Unglück ist, da ist auch Schuld.

Für Israel hatte nun diese Anschauung ihre besondere Bedeutung. Das nationale Wohlergehen war ja wirklich geknüpft an die Treue, mit der es festhielt an dem väterlichen Glauben. Es war wirklich, schon politisch genommen, Bedingung des Wohlergehens, sich fest an den Jehovakult und Tempeldienst zu Zion anzuschließen und dieses einzig gemeinsame Band, das des Volkes Stärke ausmachte, heilig zu halten. Aber freilich gab es große Weltereignisse, gegen die das Volk auch beim treusten Zusammenhalten dennoch unterliegen mußte. Es gab besondere Zeiten, in denen das Glück des Volkes nicht mehr in Proportion stand mit dem Maß seiner Treue gegen Jehova. Dann pflegte man wohl zu sagen: Jehova sucht die Sünden der Väter an den Kindern heim bis in's dritte und vierte Glied. Man erklärte sich das Unglück der frommen Gegenwart als Strafe für eine sündige Vergangenheit.

Diese Anschauung von einem stellvertretenden Leiden pflegte man dann wohl auch beizuziehen, um zu erklären, warum der Fromme gleichfalls mitleide unter dem Unglück, das eine unfromme Umgebung verschuldet hatte. In jenen Zeiten, da das einzelne Subjekt sich noch nicht wie heute auf sich gestellt hatte, sondern das Stammbewußtsein der Gesammtheit noch vorwog, war das nicht eben auffällig. Der Einzelne ging ja doch vollständig auf im Stamm. Sein ganzes Schicksal war mit dem seines Volks verwachsen. Wie die einzelne Raupe in der Prozession, so wurde der Einzelne im Leben der Gesammtheit widerstandslos mitgezogen. Siegen die Israeliten, nun so ist der Sohn Israels glücklich, werden sie geschlagen, so ist er unglücklich. Und so ist's in Allem. Der Einzelne leidet für das Ganze und das Ganze für den Einzelnen. Reges delirant, plectuntur Achivi. David zählt das Volk, der Pestengel würgt die Bürger. Daran ist für den antiken Menschen nichts Auffallendes; daß er sein individuelles Glück isoliren könne, ist ihm noch nicht zu Sinn gekommen. So fand man's ganz in

der Ordnung, daß auch der Gerechte selbe mit den Ungerechten
und in so fern ein bestimmtes Maß von Strafselben muß abge-
büßt sein auch für den Ungerechten. Diese Anschauung wird nun
aber von größerer Wichtigkeit in den Zeiten, in denen es gerade den
Götzendienern gut zu gehen pflegte, den Jehovaknechten aber übel.
Eine Weile konnte man sich wohl mit dem Troste des Assaph be-
helfen (Pf. 73), dessen Füße bald gestrauchelt hätten, als er das
Glück der Gottlosen sah und sich dabei beruhigte, daß am Ende und
schließlich es dennoch den Frevlern schlecht und den Guten gut gehn
müsse, allein auch diesen Ausweg verbaute die Erfahrung. Die
Zeit war noch nicht reif, sich in Betreff der Vergeltung zu gedul-
den bis zu einem andern Leben, wiewohl der Unbekannte, der Je-
saïa 26 redet, auch auf eine solche Lösung hingewiesen. Auch der
Gedanke, daß Gott äußeres Unglück innerlich ausgleiche, lag einem
Geschlecht fern, das dazu noch eine viel zu substanzielle Vorstellung
von Glück hatte. So begannen denn jene Zweifelsqualen, in denen
das Volk rief: „Der Weg des Herrn ist nicht richtig!" „Die Väter haben Heerlinge gegessen und den Söhnen werden die Zähne stumpf."
Hesekiel sah sich daher genöthigt, ausdrücklich und umständlich zu erklären, die Sünden der Väter würden nicht an den Kindern ge-
straft, weder im zweiten noch im dritten Glied. Nun aber begannen neue Zweifel, indem der Einzelne sich sagte, wer kann wissen
wie oft er fehle, der Herr verzeihe mir die verborgenen Fehler.
Das Gefühl einer allgemeinen Sündhaftigkeit wird zur Erklärung
für das Uebel in der Welt. Schon Hesekiel kam zu dem Resultat,
auf Grund des alten Bundes, der Gerechtigkeit von Seiten des
Menschen verlange, sei nicht Glück noch Frieden bei der menschlichen Gebrechlichkeit zu finden, sondern Jehova müsse einen neuen
Bund durch Wiedergeburt und Erneuerung schließen und statt des
steinernen Herzens, Israel ein Herz von Fleisch in die Brust geben.
Aber der angekündigte Termin verstrich, das Volk kehrte nach Jerusalem zurück und Maleachis Reden beweisen, daß Elend und Armuth auch jetzt schwer auf ihm lasteten.

Die Zweifel an einer gerechten Weltordnung machten sich nun
aber um so lauter geltend, als das Volk im Großen und Ganzen
jetzt wirklich dem Einen wahren Gott treu anhieng und dennoch
statt der verheißenen, sehnlich erwarteten messianischen Zeit, statt des
neuen Aufschwungs vielmehr Noth und Elend hereinbrach.

Die zerrüttenden innern Zweifel und geistigen Kämpfe, all die
Räthsel der Weltregierung, die quälend dem Volk auf dem Herzen lagen, sucht nun der Verfasser des Buches Hiob auszusprechen
und poetisch zu lösen, indem er an der Figur des alten gerechten
Emir's der Edomiter entwickelt, wie die alte Vergeltungslehre un-
zulänglich sei — aber zum Schluß dieselbe doch wieder, wenn auch
in edlerer Form restaurirt. Man hat um dieses Inhalts willen den
Hiob die Prometheussage oder Faustsage der Hebräer genannt; will

man in Prometheus und Faust Typen des griechischen und deutschen Volkes erkennen, so mag man allerdings in Hiob den Reprä-
sentanten des Volkes Israel sehen. Im Uebrigen ist das Buch eine
Theodice in dramatischer Einkleidung.

Die Fabel ist die. Es war ein Mann im Lande Uz, schlecht
und recht, gottesfürchtig und meidend das Böse. Er war „gerecht" im vollen Sinn des hebräischen Theologen. Dennoch gibt
Gott dem Widersacher Gewalt über ihn, um ihn zu prüfen.
So kommt das Unglück Schlag auf Schlag. Seine Heerden
werden geraubt, seine Häuser verbrannt, seine Kinder sterben hin
auf einen Tag. Er aber spricht: Nackt ging ich hervor aus der
Mutter Schooß und kehre nackt dahin zurück. Der Herr hat's gegeben, der Herr hat's genommen, der Name des Herrn sei gepriesen. Als sich wieder die Söhne Gottes versammeln im Himmel,
spricht der Widersacher zu dem Herrn, der ihn frägt: Strecke deine
Hand aus und fasse sein Gebein und Fleisch an, ob er nicht in dein
Angesicht dir Lebewohl sagen wird? Und Jehova sprach: siehe er
sei in deiner Hand. So ging der Widersacher hinweg vom Angesicht Jehovas und schlug Hiob mit bösen Beulen von seiner Fuß-
sohle bis zu seinem Scheitel. „Nahm ich das Gute von Gott,
soll ich das Böse nicht nehmen?" ist Hiobs gelassene Antwort. Aber
die Krankheit nimmt zu. Als seine Freunde aus der Ferne kommen, erkennen sie ihn nicht. Sieben Tage lang sitzen sie sprach-
los da, trauernd und weinend, bis Hiob endlich selbst das Schweigen bricht und dem Schmerze Luft macht. Die Freunde bringen
nun Alles vor, was vom Standpunkt der ältern Vergeltungslehre
konnte vorgebracht werden, der Eine, Elifas, tröstet ihn mit dem
Troste des Assaph, daß zuletzt es dem Gerechten doch wieder gut
gehe. „Denn Gott verwundet und verbindet, er zerschlägt und seine
Hände heilen." Minder mild meint Bildad im Sinne Hesekiels und
des Deuterojesaja, daß eben alle Menschen sündig seien und Gott
nicht ungerecht, wenn er darum strafe. Es könne hienieden sich
keiner auf seine Reinheit berufen. Zofar dagegen wirft ihm geradezu geheime Sünden vor, deren Strafe ihn jetzt überfalle. Diesem
lieblosen Gerede gegenüber ergrimmt Hiob. „Ja wahrlich doch ihr
seid mir Leute, mit euch wird wohl die Weisheit sterben! Was
hilft mir das Alles wenn ich in Jammer dahinsterbe. Denn stirbt
der Mann, so ist er dahin, und verhaucht der Mensch so ist er
vernichtet."

Nun freilich Hiob ihren Zuspruch so herb zurückweist, nun suchen sie ihm mächtig in's Gewissen zu reden, allein der Kranke
bleibt ihnen nichts schuldig: „Gehört hab ich dergleichen schon viel
und traurige Tröster seid ihr Alle. Sind wohl zu Ende die win-
digen Worte? Was bringt dich so auf, daß du widersprichst? Auch
ich könnte reden so wie ihr, wenn ihr wäret an meiner Stelle.
Ich könnte mit Worten euch umwinden und mit dem Haupte über

euch schütteln; ich könnte euch stärken mit meinem Munde, der Lip=
pen Beileid könnte Linderung verschaffen. Doch red' ich nun auch—
mein Schmerz wird nicht linder, und hör ich auf — er weicht nicht
von mir."

Betheuerungen der Unschuld und ungerechte Anklagen steigern
sich mit jeder Gegenrede und Hiob sagt endlich gerade heraus, daß
keine Gerechtigkeit in der Welt sei.

„Warum leben die Frevler, altern, wachsen gar an Kraft?
Ihr Same besteht vor ihnen, gleich ihnen, und ihre Sprößlinge
vor ihren Augen. Ihre Häuser in Frieden ohne Furcht, und Got=
tes Ruthe kommt nicht über sie. Sein Stier befruchtet und ver=
schmäht nicht; seine Kuh kalbet und verwirft nicht. Gleich einer
Heerde führen sie ihre Kinder aus und ihre Knaben hüpfen."

Darauf wissen die Freunde nicht mehr viel zu erwiedern, ob=
wohl der Streit sich noch eine Weile hinspinnt. Endlich, wie die
Frage unlöslich verwirrt ist, erscheint Jehova selbst und straft Hiob's
Fürwitz, der meint alle Räthsel müßte der Mensch lösen können.
Eine lange Reihe von Geheimnissen zählt er ihm auf, um ihm zu
zeigen, wie der Mensch zu schwach sei, um so hohe Fragen zu ent=
scheiden. „Wo warst du, als ich die Erde gründete? Sag an,
wenn du Einsicht hast! wer bestimmte ihre Maße? wer umschloß
mit Thoren das Meer und sprach: Bis hieher und nicht weiter,
hier sollen sich legen deine stolzen Wogen! Kamst du bis zu des
Meeres Quellen und hast du das Innere der Tiefe durchwandelt?"
Fragen über Fragen häuft er auf Hiob und dieser erwiedert be=
schämt: „Siehe zu gering bin ich, was soll ich dir erwiedern? Meine
Hand leg ich auf meinen Mund!" Mit dieser Anerkennung, daß es
Geheimnisse gebe, die dem Menschen zu hoch sind und der Einsicht,
daß dazu auch die Frage von der göttlichen Weltregierung gehöre,
schließt das Ganze. Weder Hiob noch die Freunde erhalten Recht.
Vielmehr spricht Jehova auch · zu Eliphas: „Mein Zorn ist ent=
brannt über dich und über deine beiden Freunde; denn ihr habt nicht
recht von mir geredet, so wie mein Knecht Hiob. Und nehmet euch
sieben Stiere und sieben Widder und gehet hin zu meinem Knechte
Hiob und opfert Brandopfer für euch; und Hiob, mein Knecht, möge
für euch beten."

„Und Hiob lebte nach diesem 140 Jahre und sah seine Söhne
und Sohnes = Söhne, vier Geschlechter. Und Hiob starb alt und
lebenssatt."

Allerdings ist mit dem Hinweis auf die unerforschlichen Ge=
heimnisse der Welt die Frage nicht gelöst, sondern nur abgeschnitten
und so sehen wir auch später wieder das gleiche Problem auf's
Neue auftauchen. Aber nach der praktischen Seite hin hat das
Buch doch die Lehre eingeschärft, daß man nicht jeden Unglücklichen
auch als Sünder mißachten dürfe. Daß das Leiden nicht stets den
Charakter einer Strafe, sondern auch den einer Prüfung habe, hat

der Dichter bereits eingesehen, daß er aber bennoch ein gewisses Unrecht darin erblickt, wenn der Fromme leidet, geht daraus hervor, daß er die Schuld davon nicht Gott, sondern dem Satan zuschiebt, der fortan als die Ursache des Uebels in der Welt gilt und damit anfängt seinen Charakter als Diener Gottes zu verlieren.

Das Buch Jona.

Mit Unrecht ist die Parabel vom Propheten Jona um ihres Namens willen unter die Propheten gerathen, da wir in ihr nicht sowohl die Reden eines Propheten besitzen als vielmehr ein Lehrgedicht einer spätern Zeit. Auch hier, wie im Buche Hiob, soll eine theoretische Frage durch Exemplifikation zum Austrag gebracht werden. Schon die alte Zeit hatte die Frage aufgeworfen, warum die Weissagungen auch der größten Propheten so häufig irrten? Jeremia selbst hatte seinem Gott geklagt, daß er ihm zur täuschenden Quelle geworden sei. Dennoch warf man den Propheten, dessen Orakel sich nicht erfüllte, in der Regel einfach unter die Lügner, wie denn Jeremia (25, 9) und Hesekiel (33, 33) selbst diesen Kanon empfahlen. Allein die spätere Zeit, die den Gesammtvorrath früherer Prophetien überblickte, konnte sich die Augen nicht gegen die offenkundige Thatsache verschließen, daß auch ihre größten Propheten sich geirrt hatten, wo sie positive Dinge mit positiven Worten vorauszusagen versuchten. Hatte nicht ein Jesaja den Untergang von Tyrus geweissagt und schließlich war Salmanassar abgezogen und hatte dann an Juba selbst seinen Grimm ausgelassen? Hatten nicht Jeremia und Hesekiel Aegypten den Chaldäern Preis gegeben, während Nebukadnezar sich mit der palästinensischen Küste begnügte? Und was mehr heißen wollte, hatten nicht alle Propheten von Joel an bis auf Zacharja herab das messianische Reich unmittelbar vor sich gesehen? Ein Jesaja hatte verkündet: Ein Kind wird uns geboren, ein Sohn uns gegeben; auf seiner Schulter ruht die Obmacht, allein die assyrischen Nöthe gingen vorüber und der Messias erschien nicht. Vorschnell hatte Jeremia dem König Zedekia, der babylonische Jesaja Cyrus, Haggai und Zacharja Serubabel als Messias begrüßt, Zedekia wurde geblendet, Cyrus hinderte die Unterbrechung des Tempelbaus nicht und Scrubabel hinterließ die Thore Zions in Trümmern — sie alle straften die Weissagung Lügen. Vor Allem aber stand das nicht zu umgehende Beispiel der Weltstadt Babel da. Hatten nicht alle Propheten des Exils, hatte nicht der zweite Jesaja, mit allen Zügen aus Nahum's Zerstörung von Ninive, den vollständigen Untergang Babylon's geweissagt und nun war sie zur Winterresidenz des Großkönigs erhoben worden und blühte mehr als zuvor! Sollte nun das Volk seine größten Propheten Lügen strafen und sie unter die Schwarmgeister werfen?

Haben sie willkürlich, ohne Weisung von oben ihre Verheißungen gegeben, oder hat Jehova sie getäuscht? Das Büchlein Jona gibt auf diese Frage nach beiden Seiten eine verneinende Antwort. Die Propheten haben geweissagt, was Gott ihnen auftrug, aber Gott läßt sich seine Drohungen zuweilen gereuen, wenn der Sünder sich belehrt und Buße thut. Dies zu erläutern erzählt der Dichter die wunderbare Geschichte eines alten Propheten Jona, der unter Jerobeam II. lebte und für den Verfasser des Orakels gegen Moab, Jes. 15, 16, gilt. Zu diesem Jona sprach Jehova: Mache dich auf, gehe nach Ninive und predige ihr; denn ihre Bosheit ist heraufgestiegen vor mich. Allein Jona fürchtet, der Herr könne sich die Strafgerichte, die er ihn verkündigen heißt, wieder gereuen lassen und setzt sich zu Joppe auf's Schiff, um in das ferne Tarsis zu entfliehen und so dem gefährlichen Auftrag auszuweichen. Aber der Herr verfolgt ihn; im Sturm, in der Meeresfluth, im Leib des Fisches wird endlich Jona bußfertig und gelobt Gehorsam. Es war demnach sicher nicht seine Willkür, wenn er jetzt nach Ninive ging und predigte: Noch vierzig Tage, so ist Ninive umgekehrt! Allein die Niniviten thaten Buße, der König setzte sich in die Asche und selbst die Thiere gingen in Sacktuch. "Wer weiß? Gott mag sich wenden und sich's reuen lassen, daß wir nicht umkommen?"

"Und Gott sah ihr Thun, daß sie sich kehrten von ihrem bösen Wandel, da gereuete Gott des Uebels, das er geredet ihnen zu thun und er that es nicht."

"Und es war dem Jona sehr mißfällig und er entrüstete sich. Und er sprach: Ach Jehova! war das nicht meine Rede, während ich noch in meinem Lande war? Darum kam ich zuvor durch Flucht gen Tarsis. Denn ich wußte, daß du ein gnädiger un barmherziger Gott bist, langmüthig und reich an Gnade und dich des Uebels gereuen läßt."

Halb schmollend, halb um zu sehen, ob nicht Ninive doch noch untergehen werde, setzte sich der Prophet nun südlich von der Stadt in eine Hütte. Da verschaffte Gott einen Wunderbaum, daß Jona Schatten hatte und Jona hatte darüber eine große Freude. Da verschaffte Gott einen Wurm, der stach den Wunderbaum und einen schwülen Ostwind, daß er verwelkte. Da ward Jona sehr böse und forderte für seine Seele den Tod und sprach: Besser ist's, daß ich sterbe, als daß ich lebe. Aber Gott sprach zu Jona: "Dir ist's leid um den Wunderbaum, mit dem du keine Mühe gehabt, der in einer Nacht ward und in einer Nacht verdarb: und mir sollte nicht leid sein um Ninive, solch großer Stadt, in welcher mehr als zwölf Myriaden Menschen sind, die noch nicht wissen rechts und links, ungezählt die vielen Thiere?"

Das ist denn die Rechtfertigung sowohl des Propheten als Jehovas. Nicht hat der Prophet betrogen und nicht hat Gott ihn getäuscht, wenn zuweilen die Dinge anders gingen als jener geweissagt, sondern Gott ist „barmherzig und langmüthig und von großer Gnade und läßt sich des Uebels gereuen, wenn der Sünder Buße thut". Damit mochte man sich über das Schicksal so mancher Prophezeiung beruhigen. Gott war gerechtfertigt und der Prophet frei von Vorwurf.

Die Psalmen der mittlern Zeit.

Der religiöse Geist hat die Dichter des hebräischen Volkes zu Propheten gemacht, so daß wir die jüdische Lyrik geradezu in den prophetischen Büchern zu studiren haben. Damit hängt zusammen, daß die Psalmen dieser Zeit auf dieselben Dichter zurückführen, die uns als Propheten bekannt sind. Vor Allem ist Jeremia auch als lyrischer Dichter hier namhaft zu machen. Die ihm eigenthümliche weiche, elegische Stimmung verräth ihn und zumeist können wir selbst nachweisen, auf welche Situation seines Lebens er seine Lieder gesungen hat. So ist der 30. Psalm ein Danklied des Propheten für seine Befreiung aus dem Gefängniß, in das (Jer. 37, 11) die Gegner ihn geworfen hatten. Dort hatte er an Jehova die Frage gestellt: „Was gewinnst Du durch mein Blut, durch mein Hinabsinken zur Grube? wird Staub Dich preisen, wird er verkündigen beine Treue?" Etwas später, als Jeremia auf dem Wachthof verhaftet saß, ist der 31. Ps. verfaßt und es ist eine uns wohlbekannte Klage, wenn der Dichter ausruft: „In Jammer schwindet mein Leben und meine Jahre im Geſtöhn; es ermattet durch meine Strafe meine Kraft und meine Gebeine welken. Von allen meinen Drängern bin ich geschmäht von meinen Nachbarn geflohn und ein Schreck meinen Bekannten." Psalm 40 und 69 haben wir schon bei der Geschichte des Propheten selbst besprochen. Auf seine letzte Haft endlich im Lager der Chaldäer bezieht sich der 71. Psalm „Du hast mich von Jugend auf gelehrt, darum verkündige ich deine Wunder, so verlaß mich nicht, Gott im Alter, wenn ich grau werde." Das heißeste Gebet des Propheten aber aus dieser Zeit ist der 22. Ps.: „Mein Gott, mein Gott, warum hast Du mich verlassen, fern von meinem Schreien, den Worten meines Geſtöhus," ein Gebet das an Inbrunst nicht seines Gleichen hat und wie Jesu letztes Wort aus Jeremia Pf. 31, 6 stammt, so ist auch sein letztes Gebet in diese Worte Jeremias gekleidet. Die gleiche Innigkeit zeichnet Pf. 55 aus: „O hätte ich Schwingen wie eine Taube, ich wollte fliegen und mich niederlassen, siehe ich wollte ferne fliegen, wollte herbergen in der Wüste." Ihm hat man auch den 23. Psalm zugeschrieben „Der Herr ist mein Hirte, mir wird nichts mangeln, erweidet mich auf grüner Au und führet mich zu frischem Wasser." Mit mehr oder weniger Wahrscheinlichkeit lassen sich auch Pf. 5 und 6, 24—28, und Pf. 35 dem gleichen Dichter vindiciren. Pf.

39 fällt wenigstens in seine Zeit und ist sichtlich von ihm beein-
flußt.

In dieselbe Zeit gehört denn wohl auch Pf. 42 und 43,
diese Perle der ganzen Sammlung. Nach dem Hermon hin haben
die Chaldäer den Dichter weggeführt und von dort wendet sich sein
Antlitz sehnsüchtig gegen Süden, den Tempel Jehovas mit dem Auge
suchend. Ihn rührt nicht die frische Alpenlandschaft ringsum, noch
der donnernde Wassersturz; nach den kahlen Höhen Judäa's sehnt
er sich zurück, denn er ist Priester Jehovas und sein Herz steht nach
dem Tempel. „Wie der Hirsch schreiet nach frischem Wasser, so schreiet
meine Seele Gott zu Dir, meine Seele dürstet nach Gott, nach
dem lebendigen Gott. Wann werde ich kommen und erscheinen vor
Gottes Angesicht? Meine Thränen sind meine Speise Tag und
Nacht, weil man täglich zu mir sagt: Wo ist nun dein Gott? Wenn
ich dann beß inne werde, so schütte ich mein Herz heraus bei mir
selbst: wie einher ich zog mit den Haufen und mit ihnen wallte
zum Hause Gottes mit Frohlocken und Danken in feiernder Menge."

Eine zweite Gruppe lyrischer Gedichte fällt bereits in die letzte Zeit
des Erils. Sie zeugen von der ernsten und bußfertigen Stimmung
der Weggeführten und geben dem Wunsch Ausdruck, daß Jehova
die Mauern Jerusalems wieder erbauen möge. Die schönsten sind
Pf. 50 und 51, die von ein und demselben Verfasser, vielleicht von
dem babylonischen Jesaja herrühren. Der Klage über das Aufhören
des Opferdienstes setzt der Dichter das Wort Jehova's entgegen:
„Nicht wegen deiner Opfer setz ich Dich zur Rede und deiner Brandopfer, die vor mir immerdar. Nicht nehm ich von deinem Haus
den Farren, aus deinen Hürden die Böcke; denn mein ist alles
Wild des Waldes, die Thiere auf den tausend Bergen. Ich kenne
jeden Vogel der Berge und des Feldes Gewild ist mir bewußt.
Sollt ich hungern, werd ich dir's nicht sagen, denn mein ist die Welt
und ihre Fülle." „Die Opfer die Gott wohl gefallen sind ein zer-
knirschter Geist, ein zerknirschtes und zermalmtes Herz wirst du
Gott nicht verachten." Wenn uns diese Lieder bereits an das Ende
des Erils stellen, indem in dem ersten Israel aufgefordert wird sich
reisefertig zu machen, so darf uns das nicht wundern. Was da-
zwischen liegt ist verloren gegangen, gerade wie die prophetische Literatur auch nur Ueberbleibsel aus der ersten und der letzten Zeit des
Erils darbietet. Um so reicher fließen unmittelbar nach der Heimkehr die Lieder, als sich der Blick auf die Großthaten der letzten
Zeit zurückwandte. In diese Zeit gehören die schönen Psalmen 135
„An den Wasserbächen Babylon's saßen wir und weinten", die
Wallfahrtslieder 120—135 „Wo der Herr nicht für uns war, so
spreche Israel, wo der Herr nicht für uns war, als sich die Menschen wider uns erhoben" 124. „Als zurückführte der Herr die Gefangenen Zions, da waren wir wie Träumende" 126. „Du hast
begnadigt, o Herr dein Land" 85. Mehr der ernsten und sinnenden

Richtung der folgenden Zeit gehören Pf. 90 und 91 an: „Herr
Gott Du bist unsere Zuflucht für und für", „Wer unter dem Schirm
des Höchsten wohnt." Ebenso Pf. 139 „Herr Du erforschest mich
und kennest mich." „Preise den Herrn meine Seele und mein Inneres
seinen heiligen Namen." 103. Nach diesen ernsten Bahnen wendet
die Lyrik dieser Zeit, deren einzelne Produkte wir nicht alle nam=
haft machen können, deren Richtung wir aber durch diese Mark=
steine bezeichnen wollten.

Die Sprüche Salomonis.

Ein flüchtiges Durchlesen der unter Salomo's Namen zusam=
mengestellten Sprüche genügt, um die Ueberzeugung zu begründen,
daß wir es hier nicht mit einer sondern mit mehreren Spruch=
sammlungen zu thun haben. Nachdem Capitel 1,1 eine Ueberschrift
gesagt: „Dies sind die Sprüche Salomos, des Königs Israels,
Davids Sohnes", heißt es 10,1 zum zweiten Mal: „Dies sind die
Sprüche Salomos", und nochmals nimmt 22, 17 ein neuer Abschnitt
seinen Anfang mit den Worten: „Neige deine Ohren und höre die
Worte der Weisen und nimm zu Herzen meine Lehre." Aber noch=
mals werden 24, 26 Sprüche Salomonis eingeführt und endlich
kommen im 30. und 31. Kap. Worte Agur's und Lemuel's als Anhang.
Der älteste Theil dieser Sammlung ist der mittlere 10—22,
16. Die Sprache ist hier alterthümlich; im Verse wird der Paral=
lelismus des Sinns genau gedeckt vom Parallelismus der Form;
die Anschauungen sind aus der guten alten Zeit und weder von der
spätern Skepsis angefressen noch gefärbt mit der späteren Specu=
lation. Zucht, Arbeit, Treue, Gerechtigkeit, Frömmigkeit, Sparsam=
keit, Weisheit, Geduld, Bescheidenheit, Wahrhaftigkeit, Nüchternheit
sind vornehmlich die Tugenden, die durch unzählige kurze, gleichge=
schnittene Sprüche gepriesen werden. Braver, tüchtiger Sinn und
eine gewisse kleinbürgerliche Klugheit redet aus ihnen allen, wie
denn das Sprüchwort allezeit ein liebenswürdiger Praktikus ist und sich
bei allen Nationen durch eine sehr nüchterne Lebensphilosophie auszeichnet.
Die zweite Sammlung besteht aus mehreren Theilen, die
24, 23 und 25, 1 durch neue Ueberschriften abgegränzt werden;
da aber beide Ueberschriften gleich lauten — „auch diese sind Sprüche"
— und wohl von einem Ordner herrühren, so steht nichts im Weg
22, 17—29 als eine Sammlung zu betrachten. Von der früheren
unterscheidet sich diese Sammlung durch den häufigen Gebrauch der
ersten und zweiten Person. In der dritten Person hat die erste
Sammlung geschlossen: „Es spricht der Träge: „Ein Löw' ist drau=
ßen, mitten auf der Straße könnt' ich erwürgt werden! — Eine
tiefe Grube ist der Mund fremder Weiber; wem Jehova zürnt, der

fällt hinein. — Thorheit fest gekettet an's Herz des Knaben, der Stock der Züchtigung entfernt sie daraus." — „Neige dein Ohr, beginnt dagegen die neue Sammlung in der Form der Anrede, und höre die Worte der Weisen und habe Acht auf meine Belehrung; denn schön ist's, wenn du sie bewahrst in deinem Innern, wenn sie bereit sind allzumal auf deinen Lippen. — Entziehe nicht dem Kna= ben die Züchtigung: wenn du ihn mit dem Stocke schlägst, wird er nicht sterben. — Sieh den Wein nicht an, wenn er sich röthet, wenn er im Becher strahlt, sanft hinunter gleitet! Am Ende sticht er wie eine Schlange und wie eine Natter beißt er." Die Sprüche sind jetzt weiter ausgesponnen und ihre Form ist nicht mehr von der alten festen Struktur. Während in der ersten Sammlung ein Spruch wie der andere hervorrollt, wie aus der Maschine gleichgeschnittene Stäbe, so hat hier die innere Gesetzmäßigkeit aufgehört; der Paralle= lismus will sich nicht mehr dem Fortschritt des Sinns anpassen und an Stelle des bestimmten Stempels ist das lebhaftere Kolorit ge= treten. Auch der Inhalt deutet auf eine spätere Zeit. Aus jenen kleinbürgerlichen, treuherzigen Kreißen treten wir in ziemlich kompli= cirte Verhältnisse herüber. Der Boden ist um ein Bedeutendes glätter geworden. War vorhin von den Kardinaltugenden des Bür= gers die Rede, so ist jetzt das Sprüchwort reich an Lebensregeln für die schwere Kunst mit Menschen umzugehen. Im Umgang mit Reichen nicht zu vergessen, wen man vor sich hat, auf die Schwächen des Nachbarn wohl zu achten und vorsichtig zu sein in der Wahl der Freunde, das heißt jetzt mehr Weisheit als alles Andere. Zu diesen zwei Sammlungen verhält sich Cap. 1—9 als Ein= leitung. „Dies, sagt der Sammler, sind die Sprüche Salomonis, des Königs Israels, Davids Sohnes, zu lernen Weisheit und Zucht und zu verstehen verständige Worte, zu lernen Zucht und Besonnen= heit, Recht, Billigkeit und Redlichkeit; Einfältigen zu geben Klugheit, dem Knaben Wissenschaft und Ueberlegung, damit ein Weiser hörend weiter lerne und ein, Verständiger Lenkung sich erwerbe, um zu ver= stehen Spruch und ernsten Scherz, der Weisen Worte, so wie ihre Räthsel."

Die Weisheit, die das Buch in kurzen spitzen Sprüchen zur Geltung bringt, preist der Vorredner in längerer Ansprache mit der Rhetorik einer spätern Zeit, indem er eine im 28. Kapitel des Buches Hiob gegebene Andeutung weiter ausspinnt. Die Weisheit wird personificirt und klagt draußen auf den Gassen, auf der Straße läßt sie hören ihre Stimme; sie ruft in der Thür und am Thor unter dem Volk; sie redet in der Stadt. Sie ist das erstgeschaffene Wesen Gottes, noch ehe die Erde gemacht war und ehe der Himmel gefer= tigt ward, war schon die Weisheit. Sie war Gottes Werkmeisterin und an ihr hatte Gott seine Lust und sie spielte vor ihm zu seinem Ergötzen.

Sie hat sich nun ein Haus gebaut, zu dem sie sieben Säulen

zimmerte, sie hat ein Gelage angerichtet und sendet ihre Dirnen aus, die Menschen zu ihrem Tisch zu laden. Dieses Gelage der Weisheit will der Sammler auftischen.

Dieses rhetorisch so lebendige und in seinen Schilderungen der Weisheit und Thorheit sehr anmuthige und feine Stück ist offenbar ziemlich späten Ursprungs. Nach Weise der späteren Speculation wird hier die Weisheit Gottes bereits als selbstständige Hypostase aufgefaßt und es wendet das Denken schon nach den Regionen jener Logoslehre, die das spätere Judenthum so tief beschäftigte.

Kapitel 30 und 31 sind als spätere Nachträge angehängt worden. Sinnsprüche und Räthsel, kleine niedliche Schilderungen, zum Theil künstlich, alphabetisch geordnet, sind auch sie als Produkte der jüngern Zeit zu begreifen. Das Lob eines guten Weibes im Schlußkapitel ist bekannt genug; aber auch der Hochspruch des Königs Lemuel, den ihn seine Mutter lehrte, zu meiden die Weiber und den Wein und des Rechts nicht zu vergessen, sowie die Sinnsprüche über große und kleine Dinge gehören zum feinsten und zierlichsten, was wir dieser Art besitzen.

Was nun endlich den Namen der ganzen Sammlung betrifft, die schwerlich viel älter ist als der Prediger Salomonis, so ist man vielfach geneigt, ihn von dem ältesten Stück, 10—22, 16, abzuleiten, allein die salomonische Herkunft auch dieses Theiles ist mehr als zweifelhaft. Zwar meldet die Sage der spätern Zeit (1 Kön. 5, 12), daß Salomo 3000, das heißt sehr viele, Sprüche gedichtet habe, aber daraus folgt doch nur, daß in unserem Buch sich auch salomonische Sprüche befinden können. Jener Abschnitt aber, dessen Anschauungen vornehmlich aus der Sphäre des untern Volkslebens stammen, ist nicht das Werk eines Königs, sondern eine Sammlung von Sprüchen, wie das Volk sie erzeugt, die aber allerdings von einem einzelnen Kunstdichter in ihre streng geprägte Form gebracht worden sind. Salomos Name gab er dem Buch, weil das Volk, wie auch sonst geschieht, solche herkunftslosen Sprüche mit Vorliebe dem in diesem Genre bewanderten hochgebildeten König zuschrieb. Auch die späteren Nachträge und endlich die ganze Sammlung wurde nach ihm benannt. Ganz in dieser Weise hat auch der Prediger sich der Gestalt des weisen Königs bedient, um seine melancholischen Reflexionen vorzutragen und hat ausdrücklich - aus dem üppigen König, der im Palast und Harem sein Leben zubrachte, einen Redner und Volkslehrer gemacht, der seine Sprüche dem Volke vortrug. Endlich aber hat man das Ganze in der Weise zusammengeschlossen, daß der Jüngling Salomo das hohe Lied gedichtet, der kluge welterfahrene Mann in Sprüchen geglänzt, während er müde und alt geworden sein Leben mit der Resignation des Predigers schloß, daß Alles eitel sei unter der Sonne.

Der Prediger Salomo's.

Die politische Windstille, die nunmehr schon längst über dem Judenthum ruhte, hatte jene ungestörte, sinnende Beschäftigung mit den Fragen des innern Lebens und der Geschichte der Vorzeit mög- lich gemacht, der wir so viele Psalmen, das Buch Hiob und die Ge- schichte von Jona verdanken. Ja so sehr erschöpfte sich die ganze Kraft des Volks in dieser literarischen Beschäftigung, daß ein am Ausgang dieser Periode geschriebenes Buch, „der Prediger", bereits warnen muß: „Hüte dich, mein Sohn, vor andern mehr; denn des vielen Büchermachens ist kein Ende und viel Studiren macht den Leib müde." — In der That hatte dieser Mangel alles politischen Lebens, wie gerade das Buch des Predigers beweist, doch auch ihre Schattenseiten. Kein großes gemeinsames Interesse spannte die Kraft der Nation, kein erschütterndes allgemeines Unglück lenkte ihre Blicke nach oben; die Zeit der Noth war längst vorüber, aber die Zeit des Gottesreiches war nicht gekommen. Wie viele denn von den Erwartungen, die die Väter gehegt, hatten sich verwirklicht? Das neue Jerusalem, dessen Steine in Bleiglanz sollten gelegt und dessen Mauern von Jaspis sein sollten, war im Laufe der Jahr- hunderte eine dürftige Landstadt des persischen Großreichs geblieben; die Bevölkerung, die über Könige hatte herrschen sollen, beugte sich vor dem Willen persischer, ägyptischer und syrischer Satrapen — kein Wunder, daß da die Kontemplation dieser stillen Zeit zuweilen in noch ganz andere Bahnen gerieth, als auf der Assaph gestrauchelt und Hiob zu Fall gekommen. Verwunderliche Gedanken stiegen so Man- chem auf, der begann über Vergangenheit und Zukunft zu reflektiren. Geht durch die alte Literatur eine einzige erhabene Choralmelodie, ist dort Alles ernst, selbst bis zum Monotonen, so fangen jetzt Skep- sis und Ironie an sich zu regen und das Volk, dessen nationales Leben keine Ziele mehr hat, beginnt an der Bedeutung des Lebens überhaupt zu zweifeln: „Das ist ein übles Geschäft, welches Gott den Menschensöhnen zugetheilt, sich damit zu beschäftigen", sagt der Prediger. „Eitelkeit der Eitelkeiten, Eitelkeit der Eitelkeiten! Alles ist eitel. Welchen Gewinn hat der Mensch für alle seine Mühe, wo- mit er sich mühet unter der Sonne? Ein Geschlecht vergehet, das andere kommt, die Erde aber bleibet ewig stehn. Die Sonne geht auf und geht unter und läuft an ihren Ort, daß sie daselbst wieder aufgehe. Der Wind geht gegen Mittag und wendet sich nach Mitter- nacht, wendend und wendend geht der Wind und in seinen Wen- dungen kehret der Wind zurück. Alle Bäche laufen in's Meer, noch wird das Meer nicht voller; an den Ort wohin die Bäche fließen, dahin fließen sie immer wieder. Das was gewesen ist, ist das was sein wird; und das, was geschehen ist, ist das, was geschehen wird, und gar nichts Neues ist unter der Sonne. Geschieht auch etwas, da- von man sagen möchte: Siehe, das ist neu? Längst ist es dagewesen

in ben Jahrhunderten, bie vor uns gewesen sinb". Ziellos, ohne
Sinn, Zweck unb Bebeutung scheint ihm bieser Kreislauf ber Natur,
eben so zwecklos bas Leben. „Ich sprach in meinem Herzen: Auf
benn ich will bich versuchen mit Freube unb genießen Gutes! Aber
siehe auch bas war eitel. Zum Lachen sprach ich: Du bist toll unb
zur Freube: was machst bu?" Unb so gehts ihm mit ber Arbeit unb
ber Weisheit, auch sie sinb eitel, „bieweil längst in künftigen Tagen
Alles vergessen ist; unb ach! es stirbt ber Weise mit bem Thoren!
unb wer weiß, ob ber Lebenshauch ber Menschensöhne in bie Höhe
steigt unb ber Lebenshauch bes Thieres hinabfährt in bie Erbe?"
So finbet er benn auch nach bieser Seite keinen Halt unb unsicher
tastet er hierhin unb borthin, inbem er nicht selten eine sehr zweifel=
hafte Lebensweisheit anempfiehlt. Ein lebenbiger Hunb ist ihm besser
als ein tobter Löwe unb barum räth er: „Gehe hin unb iß mit
Freuben bein Brob unb trinke frohen Herzens beineu Wein. Denn
bas ist bein Theil im Leben für beine Mühe, benn kein Thun, noch
Klugheit, noch Einsicht, noch Weisheit ist in ber Unterwelt, wohin
bu gehest." „Denn süß ist bas Licht unb lieblich ben Augen bie
Sonne zu sehen. Ja, wenn viele Jahre ber Mensch lebt, in ihnen
allen freue er sich unb gebenke ber Tage ber Finsterniß, baß ihrer
viele sein werben; alles was kommt ist eitel."

Wohl kreuzen bann ben Verfasser auch wieber bie guten Ge=
banken ber väterlichen Religion unb in summa empfiehlt er schließ=
lich bennoch Gott zu fürchten unb seine Gebote zu halten, aber alle
seine Reflexionen geben bas Bilb einer Zeit, in ber bie Menschen
getheilt in bie Erinnerung einer mächtigen religiösen Vergangenheit
unb wieber sceptisch burch bie Kläglichkeit ber Gegenwart, unsicher
hin unb her greifenb, gerabe jene Festigkeit bes Glaubens zu ver=
lieren brohen, bie bas erste Merkmal ber Religion ber Propheten
gewesen war.

Es war barum hohe Zeit, baß Jehova wieber mit bem Kriegs=
besen über bas Land fuhr unb ben brütenben Geistern eine frische
Arbeit gab; baß er ihnen burch bie Gefahr, biese Religion, mit ber
sie skeptisch spielen, zu verlieren, es wieber zum Bewußtsein brachte,
was sie an ihr besitzen. Aus ber Gemeinbe wirb wieber ein Volk
unb mit bem wiebererstehenben Volksleben kehrt auch bie Freubigkeit
bes Glaubens wieber.

Das Buch Daniel.

Zweihunbert Jahre waren bie Juben nun als eine abgelegene
unb für ben Gang ber Reichsgeschichte wenig bebeutenbe Provinz
unter ber milben persischen Herrschaft gestanben, als burch bie Schlacht
bei Issos im Jahre 333 Alexanber ber Große auch Phönicien unb
Palästina in seine Hanb bekam. Nach seinem Tobe bemächtigte sich

Ptolemäus Lagi der jüdischen Küste und führte alle widerstrebenden Juden nach Aegypten. Das Vaterland der Propheten war nun ägyptische Provinz und bald ein Zankapfel zwischen den Ptolemäern und Seleuciden. Um 200 entbrannte der Krieg mit neuer Heftigkeit und endete damit, daß die Syrer das Land behaupteten. Da war indessen im Westen ein neues Weltreich entstanden, dessen Feldherr Lucius Cornelius Scipio den Seleuciden Antiochus III. bei dem Berge Sipylos in Lydien in mörderischer Schlacht besiegte. Ganz Vorderasien mußte bis an den Taurus abgetreten werden und als Kriegskosten rechnete die römische Republik dem Syrer eine unermeßliche Summe auf. Die Rückwirkung machte sich bald auch in Palästina fühlbar. Nicht nur, daß die allgemeine Steuerlast wuchs, die syrischen Satrapen fingen auch an, sich nach dem Tempelschatz zu erkundigen. Eine im Lauf dieser Zeit erwachsene halbgriechische Partei des Volks empfahl sogar selbst, die Contribution von dorther zu bestreiten. In Folge davon zerrüttete Parteistreit den Staat und ein Bürgerkrieg begann sich in Aufständen, kleinen Scharmützeln und Schlägereien vorzubereiten. Unter Antiochus III. Sohn, Seleukos, hielten sich indessen die Syrer von Einmischung möglichst zurück. Anders ward die Sache unter Antiochus Epiphanes. Antiochus hatte lang in Rom als Geißel gelebt und that sich etwas zu gut darauf, von der dortigen Staatskunst profitirt zu haben. Er wollte Rom mit seinen eigenen Waffen schlagen und ein absolutes, streng geordnetes Regiment gründen. Centralisation war seine Losung. Eine Losung, die der jüdische Particularismus sehr ungern hörte. Zum Unglück waren ihm selbst die Juden ein Dorn im Auge, da sie ihm in seinen Planen auf Aegypten im Wege standen. Nachdem er erst zwanzig Jahre lang durch launenhaftes Ein- und Absetzen der Hohenpriester die Geduld des rechtgläubigen Volkes auf's äußerste erschöpft hatte, und Emeute über Emeute hervorgerufen, beschloß er endlich dem jüdischen Wesen überhaupt ein Ende zu machen.

Es war das nur ein beiläufiger Plan. Als er im Jahre 168 ein Heer zusammenzog, hatte er eigentlich Aegypten im Auge. Im Vorbeigehen aber wollte er auch den Widerstand der Juden ein für allemal brechen. Er gab daher seinem Feldherrn Apollonius den Befehl, Jerusalem zu besetzen und zum syrischen Waffenplatz umzugestalten. Die ganze strengere Partei entfloh beim Anrücken der Syrer. Die Landbewohner wurden massenhaft als Sclaven verkauft, um den leeren syrischen Staatsschatz zu füllen. Als so Zion glücklich zu einer syrischen Festung geworden war, da lief von Antiochien der Befehl ein, jede Spur der alten Religion zu tilgen; Beschneidung und Feier des Sabbaths nicht mehr zu dulden, das Gesetzbuch als verbotene Schrift auszutilgen, den Tempel zu Jerusalem in einen des Zeus Olympios, den auf Garizim in einen des Zeus Xenios zu verwandeln und mit aller Strenge die Einhaltung der griechischen Feste und Bräuche zu erzwingen. Im Tempel wurde nun wirklich von griechischen Priestern dem Zeus geopfert und ein eigener Altar für ihn gebaut. So im Vorbeigehen glaubte der aufgeklärte Grieche diesen hebräischen Aberglauben ausrotten zu können. Die Borniert= heit seines eklektischen Rationalismus begriff nicht, welche Wider= standsfähigkeit eine Religion besitzt, an der ein Volk über zwei Jahr= tausende gehangen. Freilich der aufgeklärte Pöbel der griechischen Schulen, Hellenisten, Sadbucäer, demoralisirter Adel und schacherndes Volk brachten nun auch dem olympischen Zeus ihre Opfer; entartete Sprößlinge edler Geschlechter buhlten um die Gunst der Satrapen, ehrgeizige Jünglinge ahmten noch mehr als zuvor die griechischen Sitten nach, aber in der Masse des Volkes gährte und kochte es und der König sollte es erfahren, was es heiße, dem Volk Jehovas seinen Kult rauben zu wollen.

Man mußte die Häuser erbrechen und die Besitzer foltern, um heilige Schriften in Besitz zu bekommen, man mußte den Eltern die eben beschnittenen Kinder entreißen, man mußte die Kinder reihen= weise niederhauen, weil sie das Opfer weigerten. Der Hohn der Satrapen, die noch zum Spott im Tempel Jehovas ein Schwein= opfer brachten, empörte vollends die Gemüther. Es bildete sich nun eine fest geschlossene Partei „der Frommen", der Chasidim, die spä= teren Pharisäer, die sich von den abtrünnigen landesverrätherischen Hellenisteu absonderten. Der ganze Fanatismus, dessen die semitische Natur fähig ist, ward in ihnen lebendig. Jene sogenannten salomo= nischen Psalmen, in denen die Noth der „Chasidim" zum Himmel schreit, sind von ihnen gedichtet. Die alten messianischen Hoffnungen, die fast zwei Jahrhunderte nur unter der Asche geglimmt hatten, waren bald wieder zur lodernden Flamme angefacht, und man erwartete so zu sagen täglich das Kommen des Messias. Wenn Jehova über= haupt helfen will, so meinte man, muß er jetzt helfen; wenn seine Verheißungen nicht Lügen sind, muß er sie jetzt erfüllen. Wär doch ein grauenhafteres Elend noch nie über das Land gekommen. Antiochus hatte seinen Feldzug gegen Aegypten ausgeführt, aber ein einfacher Befehl des römischen Legaten hatte genügt, ihn nach Palästina zurück= zuscheuchen. Er lagerte sich unweit Jerusalem am Meere, um an den Juden seinen Grimm zu kühlen. Die strengen Speisegesetze des Volkes wurden zur Handhabe, dasselbe zu martern, und als die Juden den Qualen widerstanden, wuchs nur seine Wuth. Unerhörte Scheuß= lichkeiten, wie sie nur der Orientale auszusinnen und zu verüben ver= mag, waren bald an der Tagesordnung: Väter mit ihren beschnitte= nen Kindern in den Abgrund stoßen, Weiber, die den Genuß von Schweinefleisch weigerten, mit sammt ihren Familien lebendig zu rösten, ganze Conventikel von Chasidäern in Höhlen zu Tode zu räuchern — das waren die Mittel der Propaganda, die die Syrer anwendeten. Kein Wunder, daß sich da bei den Bedrängten jene apokalyptische Stimmung erzeugte, die bereits am Himmel die Zeichen zu sehen glaubte, die die Ankunft des Messias verkünden. Aus dieser

Stimmung ist das Buch Daniel geboren. Geschrieben im Jahr 167, taucht es plötzlich auf und findet mit seinen zeitgemäßen Verheißungen alsbald begeisterten Glauben.

Dieses Buch, das aus 10 sehr lose an einander gehängten Stücken besteht, erzählt nämlich die Geschichte jenes Daniel, der schon Hes. 28, 3, neben Noah und Hiob, als Muster der Gerechtigkeit aus der Zeit der Väter erwähnt wird. Nach unserem Verfasser hätte Daniel erst zu Zeiten Nebukadnezars gelebt. Auch damals wurde Jerusalem belagert und erobert und Daniel ward Gefangener. „Und Daniel setzte sich vor, daß er sich nicht verunreinigen wolle mit den Leckerbissen des Königs." Er enthält sich aller unreinen Speise, nährt sich mit seinen Genossen von Gemüse und Wasser und durch Gottes Kraft sehen sie alle gesünder und stärker aus als die, die die unreine Kost der Heiden berührt. Die Anwendung dieser Erzählung auf die Gegenwart zu machen, überläßt der Verfasser dem Leser, sie lag ja nahe genug in einer Zeit, in der der syrische Markt Alles mit unreinen Speisen überschwemmte und der Genuß von unreinem Fleisch ein Schibbolet der Königstreue geworden war. Im zweiten Stück wird erzählt, wie Nebukadnezar einmal träumte und von seinen Chaldäern verlangte, sie sollten ihm sagen, was er geträumt habe. Das vermag nur Daniel. Er erzählt wirklich dem König seinen Traum. Der König hatte gesehen einen gewaltigen Koloß. Sein Haupt war von feinem Golde, seine Brust und seine Arme von Silber, sein Bauch und seine Lende von Erz, seine Schenkel von Eisen, seine Füße theils von Eisen und theils von Thon. Da riß sich ein Stein los ohne Menschenhand und rollt und rollt herab und fiel auf die thönernen Füße des Ungethüms, daß es zusammenbrach und an seiner eigenen Wucht zerstäubte wie Spreu, die der Wind davonträgt. Aber der Stein blieb liegen und wuchs und wuchs und ward zu einem großen Berg. Das war der Traum, den Nebukadnezar geträumt hatte. Daniel, der ihn erzählen konnte, erklärt ihn auch. Der Koloß ist ein Bild der Weltreiche. Das goldene Haupt ist ein Bild der chaldäischen Herrschaft, dann kommt das medopersische und endlich das griechische Weltreich, das eisern ist, aber ausgeht in Füße von Eisen gemischt mit Thon. Die Trennung des Reiches Alexanders, die vom Standpunkte des Verfassers sich vornehmlich auf Aegypten und Syrien bezog, repräsentirt sich in der Zweierleiheit des Minerals. Und zwar ist der zerbrechliche Theil des Reiches Aegypten, der eiserne Syrien. In Zehen geht der Fuß auseinander, weil fünf Ptolemäer und zweimal fünf Seleukiden bis jetzt geherrscht haben. „Daß du geschaut Eisen gemischt mit Thon: sie werden sich vermischen durch Menschen-Samen, aber nicht an einander hangen bleiben, siehe wie Eisen sich nicht vermischt mit Thon." Wie denn in der That weder die Verheirathung der Berenice an Antiochus Theos, noch die Vermählung der seleukidischen Kleopatra mit dem fünften Ptolemäer den Gegensatz zwischen den beiden Reichen zu versöhnen vermochte. Was nun aber der Zeit, in der der Verfasser schreibt, zu wissen Noth thut, das ist, daß nunmehr das messianische Reich kommt, „der Stein nicht von Menschenhand," der den Koloß zertrümmert. Gott selbst ist es, der jetzt dieses Reich aufrichtet und es bleibt in alle Ewigkeit. In einem dritten Stück wird weiter erzählt, wie Sabrach, Mesach und Abednego sich weigern, den Götzen anzubeten, den Nebukadnezar errichtet hat. Gefaßten Muthes lassen sie sich in den Feuerofen stoßen und Gott schickt ihnen seinen Engel, so daß das Feuer ihnen keinen Schaden thut. Daß dieser Nebukadnezar nur ein Abbild des Antiochus ist, der auch alle Völker zwingen wollte seinen Götzen anzubeten und mit Feuer und Schwert gegen die gläubigen Juden wüthete, die dem Jupiterbild im Tempel zu Jerusalem die Götzenoser weigerten, bedarf so wenig einer weitern Ausführung, als die paränetische Tendenz des Ganzen verkannt werden kann. Die Strafe bleibt nun aber auch nicht aus, im weitern Verlauf der Erzählung wird Nebukadnezar verrückt; ausgestoßen aus der menschlichen Gesellschaft, frißt er Gras gleich Stieren und seine Haare und Nägel wachsen ihm wie einem Thier. Epiphanes war ja den Juden ein „Epimanes" ein Rasender und er braucht nur fortzufahren in dieser Weise zu wüthen, so wird ihn Gott noch vollends dem Wahnsinn verfallen lassen. — In einem neuen Bild wird gezeichnet, wie es denen gehn soll, die sich am Tempel von Jerusalem vergreifen. Belsazar, der Sohn Nebukadnezars, gab ein großes Gastmahl und als der Wein die Gäste erhitzt hatte, da ließ er die Tempelgefäße, die sein Vater aus Jerusalem geraubt hatte, holen und es tranken daraus der König und seine Gewaltigen und seine Gemahlinen und seine Kebsweiber. Da kommt die Hand, die an die Mauer ihr: Mene Tekel Upharsin schreibt. Gezählt hat Gott deine Regierung, und macht ihr ein Ende. Gewogen bist du auf der Wage und zu leicht erfunden. Getheilt (gesperrt) wird dein Reich und gegeben den Medern und Persern. „In selbiger Nacht aber wurde Belsazar der Chaldäer König getödtet." Wiederum gibt ein anderer König Darius das Gebot, daß dreißig Tage lang zu keinem Gott dürfe gebetet werden, denn zu ihm. Der Uebertreter Daniel wird in die Löwengrube geworfen, aber die Löwen lassen ihn unversehrt. So hatte ja Epiphanes ein Gebot ausgehen lassen (1. Makk. 1, 43 ff), daß alle Völker nur seinen Gott anbeten sollten, aber mehr als ein Daniel wird diesem Gebote trotzen (Vgl. 2 Makk. 6, 18—31) und Gott wird mit ihm sein. An diese Erzählungen aus der Vorzeit, die für die Noth der Gegenwart Vorbilder aufstellen sollen, reiht der Verfasser eine Kette von Visionen des Daniel, aus denen hervorgeht, daß die Errettung nun nicht mehr lang werde auf sich warten lassen. In dem ersten Gesicht sieht Daniel einen Löwen, einen Bären, einen Parder und endlich ein Thier mit 10 Hörnern. Das chaldäische Reich ist ein Löwe mit Adlerfittigen, d. h. sein Symbol ist der babylonische Cherub, wie ihn auch Bayard zu Nimrub aufgegraben und wie ihn babylonische Bildwerke häufig zeichnen. Das zweite Thier, der Bär, weil dieser dem Löwen an Furchtbarkeit zunächst kommt, bedeutet den Meder, der drei Rippen im Rachen hält als Zerstörer der drei Tigrisstädte; er steht aber nur auf der einen Seite aufrecht, denn noch bevor er sich recht erhoben, kommt ihm der persische Parbel zuvor. Dieser hat vier Flügel, denn er breitete sich aus nach allen vier Weltgegenden; er hat vier Köpfe, b. h. vier Könige, wie Daniel (11,2) zählt.

Das vierte Thier ist schrecklicher als alle. Es hat eiserne Zähne, fraß und zermalmte und trat Alles unter seine Füße. So erscheint dem jüdischen Verfasser das macedonische Reich. Aus ihm sind zehn Hörner hervorgewachsen, die 10 Könige der Seleukiben. Dann kommt ein Horn, das ist größer als die zehn und reißt drei aus von den zehn. Dieses Horn ist Antiochus Epiphanes und die drei ausgerissenen sind der Bruder des Antiochus, Seleukus, der ermordet ward, Heliodor, den man vertrieb, und Demetrius, der als Geisel den Antiochus in Rom ablösen mußte. Für ihr Schicksal wird Antiochus verantwortlich gemacht. Dieses letzte Horn nun soll Reden gegen den Höchsten ausstoßen und die Heiligen des Allerhöchsten aufreiben, und wird sinnen Festzeiten und Gesetz zu ändern. Und die Heiligen sollen in seine Hand gegeben sein eine Zeit, zwei Zeiten und eine halbe Zeit. Das sind 3½ Jahre. Ein gut Theil dieser Zeit ist also schon vorüber, denn über diese Unglückszahl hinaus (3½ ist die gebrochene heilige Zahl 7) kann die Verfolgung nicht währen. Dann werden Stühle aufgestellt und der Alte der Tage setzt sich darauf, sein Gewand weiß wie Schnee und sein Stuhl wie Feuerflammen. Das Gericht setzt sich, Bücher werden geöffnet und wegen seiner vermessenen Reden wird das Thier getödtet, denn seines Lebens Länge war ihm bestimmt auf Zeit und Stunde.

Und siehe mit den Wolken des Himmels kam es wie eines Menschen Sohn und dem Menschensohn ward Herrschaft und Herrlichkeit und Königthum gegeben, daß alle Völker und Nationen und Zungen ihm dienen." (Cap. 7.)

In einem neuen Gesichte wird uns die gleiche geschichtliche Entwicklung unter einem andern Bilde vorgeführt. Das medisch-persische Reich ist ein Widder mit einem kurzen und langen Horn, das macedonische ein Ziegenbock, aus dessen erstem Horn nachmals vier kleine hervorgehen. „Und am Ende ihres Reiches wird ein König aufstehen, frechen Angesichtes und der Hinterlist kundig; und stark wird seine Macht und wird sonderlich Verderben anrichten und Gelingen haben in seinem Thun und wird Zahlreiche und das Volk der Heiligen zu Grunde richten." Der ist das kleine Horn, das zuletzt kommt: „Bis zum Fürsten der Heere erhob es sich und entzog ihm das beständige Opfer um des Frevels willen, und es wirft zu Boden die Wahrheit und es thut's und es gelingt ihm." Wiederum wird auf 3½ oder anders ausdrückt 2300 Morgen-Abende die Zeit der Drangsal festgesetzt. Ein weiterer Abschnitt beschäftigt sich mit der Frage, warum die Prophezeiung Jeremia's, daß nach 10 Jahren das messianische Reich anbrechen solle, sich nicht erfüllt habe. Daniel muß darüber seine Klage zum Himmel senden und ihm wird nun eine Interpretation des Jeremiaspruchs zu Theil, die ihm für ferne Zeiten hinaus — wiederum bis zu Antiochus Epiphanes — die Zukunft enthüllt. Die siebenzig Jahre, sagt die Offenbarung, seien zu fassen als 70 Jahrwochen, d. h. als 70 $\times$ 7 Jahre. Ein Zeitabschnitt, so erklärt Dan. 10,24 von siebenzig Siebenden ist anberaumt. Diese 70 Jahrwochen werden zerfällt in 7 + 62 + 1. Nach sieben Jahrwochen soll Jerusalem wieder hergestellt werden und ein gesalbter Fürst wird auftreten. Diese 49 Jahre seit Jeremia reichen nun ungefähr bis zum Auftreten des Cyrus, den der zweite Jesaja als „Gesalbten des Herrn" begrüßt hatte. (Jes. 45.) In den 62 Jahrwochen, d. h. im Lauf der nächsten 434 Jahre, soll dann Jerusalem hergestellt und gebaut werden mit Straßen und Graben, aber im Drucke der Zeiten. Diese Zeit soll reichen bis zu dem gewaltsamen Tod eines Fürsten ohne eigene Kinder und Erben, d. h. bis zu Seleukus IV. Philopater, des Vorgängers von Antiochus Epiphanes, der im Jahr 176 vor Christi Geb. ohne Kinder starb. „Ein Gesalbter wird weggerafft und Keiner ist vorhanden, der ihm angehört, und die Stadt und das Heiligthum wird verwüsten das Volk eines Fürsten, welcher kommt, und dessen Ende in Fluth und bis zum Ende Krieg, Beschluß von Verwüstungen. Und er befestigt den Bund Vielen ein Siebend lang und während der Hälfte des Siebends wird er Schlachtopfer und Speisopfer einstellen und über der Zinne des Gräuels wird der Verwüster sein und zwar bis daß Vertilgung und Beschluß sich ergießt über den Verwüster." Nun ist aber die Mitte der letzten Woche, in der das Opfer eingestellt wurde, das Jahr 168, so hat der Verfasser auf das Frühjahr 164 das Gericht und den Untergang des Epiphanes erwartet. Die letzte Woche der Welt aber ist die Gegenwart des Verfassers, und eben weil dem „Verwüster" nur noch 3½ Jahre Zeit gibt, ist gewiß, daß er um 167 sein Buch geschrieben hat.

Nach den uns bekannten Daten will seine Rechnung allerdings im Einzelnen nicht völlig stimmen, allein da auch sonst seine Notizen über chaldäische und persische Könige unserer Kunde widersprechen, so kann das keine Instanz gegen diese Auffassung sein, auf die sich die wissenschaftliche Theologie schon längst geeinigt hat. Wenn ihr noch irgend ein Zweifel entgegenstände, so würden die beiden letzten Kapitel denselben beseitigen, die von der letzten Monarchie handeln und deren Ende. Sie erzählen, wie der vierte, nach des Verfassers Rechnung der letzte König der Perser besiegt wird von dem tapfern König von Griechenland. Nach dem Tode des Königs von Griechenland zerfällt sein Reich. Zunächst erstarkt der König des Südens, d. h. Ptolemäus Lagi von Aegypten. Einer seiner Feldherrn wird mächtig über ihn, nämlich Seleukus Nikator, der im Heere des Ptolemäus Lagi diente und später Babylon sich unterwarf. Es wird dann ferner berichtet, wie Ptolemäus Philadelphus seine Tochter Berenike dem Antiochus Theos zur Frau gab, „um Frieden zu stiften"; wie Ptolemäus Euergetes den Seleukus Kallinikos besiegt und dessen Land ausplündert; wie Seleukus Keraunos und Antiochus der Große die Scharten auswetzte und unter Ptolemäus Philopator die ägyptische Herrlichkeit zusammenbrach. Antiochus der Große erhebt sich nun über den Erbkreis. „Aber ein Feldherr legt ihm sein Höhnen", Lucius Scipio Asiatikus, der ihn bei Magnesia am Sipylus im Jahre 190 auf's Haupt schlägt, „so daß er richtet sein Angesicht zu den Festungen seines Landes und strauchelt und fällt und wird nicht mehr gefunden werden."

Auf ihn folgt Seleukus Philopator, „der daherschickt einen Eintreiber nach des Reiches Zier", den Heliodorus, der den Tempelschatz in Beschlag nehmen sollte. Als auch er durch Mord gefallen, da kommt „der Verworfene". Mit „Listen" bemächtigt sich der schlaue Epiphanes des Thrones und besiegt die Aegypter, zieht hinan, gewinnt das Reich und vergeudet seine Schätze.

In neuen Feldzügen bedrängt er Aegypten, bis C. Popillius Länas mit der römischen Flotte vor Alexandrien erscheint. Antiochus geht ihm entgegen, aber in die zum Gruß ausgestreckte Hand legt der Römer die Senatsbotschaft. Als Antiochus Bedenkzeit verlangt, beschreibt Popillius mit seinem Stab einen Kreis um ihn und heißt ihn antworten, ehe er aus diesem Kreise trete. Da fügt sich der Verworfene und räumt Aegypten. „Und er wird verzagen und wiederum ergrimmt er wider den heiligen Bund und richtet es aus und wiederum tritt er in Einverständniß mit den Abtrünnigen vom heiligen Bunde. Und eine Kriegsmacht wird von ihm bestellt werden, die wird das Heiligthum, die Veste entweihen und das beständige Opfer abschaffen und den Gräuel des Verwüsters aufstellen. Und die am Bunde Frevelnden wird er zum Abfall verleiten durch Schmeicheleien; aber das Volk derer, die ihren Gott kennen, werden sich ermannen und Thaten ausrichten." So folgt hier denn eine ganz spezielle Erzählung all der Schandthaten, die Epiphanes verübt. Endlich aber soll er erliegen vor dem König des Südens und des Nordens und dann ist der Tag des Herrn gekommen. „Dann werden viele von den im Erdenstaube Schlafenden erwachen, diese zum ewigen Leben und jene zur Schande, zum ewigen Abscheu. Aber die Verständigen werden glänzen wie der Glanz der Veste, und die, welche die Vielen zur Gerechtigkeit geführt, wie die Sterne ewiglich und immerdar." Währen wird es noch bis zu dieser Katastrophe 3½ Jahre oder 1290 Tage, gerechnet von' der Zeit, da das beständige Opfer abgeschafft ist und der Gräuel des Verwüsters aufgestellt. Kurze Frist noch Gebuld so wird die Erlösung da sein. So also lauteten die Verheißungen, die vor Jahrhunderten an den weisen

Daniel ergangen waren. Warum sie jetzt erst, unter Antiochus Epiphanes zu Tage kommen, wird der Leser fragen? Weil, sagt der Verfasser, dem Seher der Auftrag geworden: „Du aber, Daniel, ver-
schließe diese Worte und versiegle das Buch bis auf die Zeit des
Endes." So hat Jehova jetzt, da das Ende bevorsteht, es wieder
zum Vorschein gebracht, damit der Verständige darauf achte.

Und diese Verständigen haben darauf geachtet! Die Gewißheit
der Rettung weckte den Chasidäern neuen Muth. Matathias mit
seinen Söhnen gaben die Losung und ehe der Tyrann es sich versah,
raste der Aufstand von Ort zu Ort. Die Juden hatten Jerusalem
verlassen, aber in der Feldschlacht erlitten die Syrer Niederlage auf
Niederlage. Mit unglaublicher Todesverachtung kämpften die Schaaren
der Makkabäer, gewiß auch im Hinblick auf die Verheißungen des
jüngst gefundenen prophetischen Buchs. Aber waren sie nicht mit
diesem Buch so gewiß betrogen, als dieses Buch nicht vor dem Jahre
167 geschrieben ist? Dürften wir die Zeit eines Matathias mit dem
Maßstabe unserer literarischen Gewohnheiten messen, so müßten wir
mit ja antworten, allein der schriftstellerische Brauch vor zweitausend
Jahren ist nicht der von heute und das Buch selbst stammt aus
einer reinen Seele. Denn wer glaubt, daß Gott sein Volk erretten
werde, ist kein Betrüger und wer sein Leben hinwirft für's Vaterland ist nie betrogen!

Die makkabäischen Psalmen.

Wenn es erlaubt ist von einem heiligen Kriege zu reden,
so verdienen die makkabäischen Freiheitskriege vor Allem diesen Namen,
da wohl selten um eine bessere Sache von frömmeren Führern mit
einem heiligeren Eifer ist gestritten worden.

Dem entsprechend sind die uns erhaltenen Kriegslieder dieser
Zeit nicht Soldatenlieder von der bekannten leichten Gattung, sondern
ernste Psalmen, in denen noch einmal die poetische Kraft des Volkes
ihre letzten Blüthen treibt.

Auf die Entheiligung des Tempels hat man Psalm 74 bezogen,
der klagend ausruft: Es brüllen deine Gegner inmitten deines Ver-
sammlungsortes, setzen ihre Bräuche ein zu Bräuchen. Sie erscheinen wie solche, die hoch führen auf Holz-Dickicht die Aexte. Und
nun sein Schnitzwerk allzumal zerschlagen sie mit Beilen und Häm-
mern; sie stecken in Brand dein'Heiligthum, reißen zu Boden deines
Namens Wohnung. Sie sprechen im Herzen: „Laßt uns sie alle
verderben! Sie verbrennen alle Gottesversammlungen im Lande. Unsere
Bräuche sehen wir nicht; kein Prophet ist mehr und Keiner bei uns,
der weiß, wie lange?" Aber schon andern Ton geben Psalm 75 und
76, scharf wie Schwerter auf syrische Helme niederblitzen. „Alle
Häupter der Frevler will Jehova abschlagen, erheben sollen sich die

Häupter der Gerechten." Wieder wird der Tempel geweiht in alter
Herrlichkeit, aber eben das wird für die benachbarten heidnischen
Stämme Losung, sich auf Jerusalem zu stürzen und so ringt sich im
83. Psalm ein anderes angstvolles Gebet los von dem gepreßten
Herzen eines Chasidäers: „Gott ruhe nicht, schweige nicht und sei
nicht still, oh Gott! Denn siehe, deine Feinde toben und deine Hasser
heben das Haupt; wider dein Volk fassen sie listigen Anschlag und
rathschlagen wider deine Schutzbefohlenen!" Und in der That zer-
schellt der Anschlag am Felsen Zion und schon im folgenden Lied der
Sammlung (Ps. 84) preist der fromme Krieger auf seinem fernen
Posten die Wohnung Jehova's, „wo auch Sperlinge finden ein
Haus und Schwalben ein Nest, ihre Jungen zu bergen, bei deinen
Altären Jehova Zebaoth!" Eine spätere Reihe von Liedern stammt
aus der Zeit, da der syrische Feldherr Bachides den Juden scharf
zusetzte und in mehr als einem Psalm kehrt der Ruf wieder: „Gott
der Rache, Jehova, Gott der Rache, erscheine! Erhebe dich, Richter
der Erde, zahle Vergeltung den Stolzen! Wie lange sollen die Frevler, Jehova, wie lange die Frevler frohlocken?" Ps. 94. Namentlich
als bei Eleasa der Held Judas gefallen, da klagen alle, „die lieben
Zions Steine und die seinen Schutt bedauern." (Ps. 102.) Aber es
kommen wieder bessere Zeiten und zu Jonathan spricht Jehova, als
er die Hohenpriesterwürde angenommen: „Sitze zu meiner Rechten,
bis ich deine Feinde mache zum Schemel deiner Füße. Du bist
Priester ewiglich nach der Weise Melchisedeks." (Ps. 110). Ihm
selbst hat Hitzig Psalm 115—118 zugetheilt, wo ein Heerführer im Namen
der Seinen redet. „Nicht uns Jehova, nicht uns, sondern deinem
Namen gib Ehre!" Am tiefsten endlich herunter führen uns die zwei
ersten Psalmen, die man bei der Sammlung dem ganzen Buch voran-
gestellt. Der erste preist als Prooemium das Glück des Frommen
und warnt die Frevler, der zweite ist auf Alexander Jannäus gedichtet, der zum letzten Mal mit starker Hand die Völkerstürme schwich-
tigte. „Warum toben die Heiden und sinnen die Nationen Eitles,
stehen auf die Könige der Erde und rathschlagen die Herrscher zusammen wider Jehova und seinen Gesalbten? Laßt uns zerreißen
ihre Bande und von uns werfen ihre Fesseln! Der im Himmel
thronet lachet ihrer, der Herr spottet ihrer; dann wird er zu ihnen
reden in seinem Zorn und in seinem Erglühen wird er sie schrecken.
Habe doch ich gesalbt meinen König auf Zion, meinem heiligen Berge!"
Mit diesem Psalme stehen wir denn schon in den neunziger Jahren
vor Christus, als die hasmonäische Dynastie in ihrem vollsten äußern
Glanze strahlte. Innerhalb der dreißigjährigen Regierung des Alexander Jannäus ist wohl das siebente und letzte Buch der
Psalmen zusammengestellt und damit die ganze Sammlung geschlossen
worden. Ein Jahrtausend der religiösen und literarischen Entwicklung, von dem ersten bis zum letzten mächtigen König, umfaßt dieses
kleine Büchlein; eine Welt von Geist und Gemüth ist darinnen ent-

halten und was in tausend Jahren die Besten eines religiös be=
gabten Volkes Bestes gedichtet, das ist nunmehr wiederum zweitausend
Jahre lang der edelste Schatz aller frommen Herzen geblieben.

Chronik. Esra. Nehemia. Esther.

Die jüngsten Psalmen haben uns bereits in die Zeit des Ab=
schlusses des alttestamentlichen Kanons herabgeführt. Dem letzten
schweren Kampf war eine Zeit verhältnißmäßiger Ruhe gefolgt, in
der die Betrachtung sich der Geschichte der Vergangenheit wieder eif=
riger zuwendete. So sind in dieser Zeit eine Reihe von historischen
Schriften entstanden, aus denen wir die nachmals in den Kanon
aufgenommenen noch ganz kurz hervorheben wollen. Die Chronik,
die die Alexandriner in zwei Bücher zerlegten, ist hier zunächst zu
erwähnen. Die ersten neun Kapitel umfassen Geschlechtsregister und
andere Listen, sodann folgt die Geschichte Israels von David bis
Cyrus. Quellen waren dem Chronisten die Bücher Samuelis und
der Könige. Die Aenderungen, die er sich vielfach mit seinen Quel=
len erlaubte, sind theils mythologische Zusätze, wie er es beispiels=
weise liebt, an passenden Stellen Engel auftreten zu lassen, von denen
seine Quellen nichts wissen, theils sind sie levitische Ausschmückungen,
indem er die Tempelgebräuche seiner Zeit in die Vergangenheit zu=
rück datirt, theils Milderungen solcher Nachrichten aus der Zeit der
Väter, die ihm anstößig erschienen. Nach Weise eines spätern Ge=
schichtschreibers sah er die Vergangenheit in einem allzu glänzenden
Lichte und namentlich seine Zahlenangaben übertreiben vielfach. Der
Zweck, den der Verfasser verfolgte, war offenbar der zu zeigen, wie
die theokratischen Einrichtungen seiner Zeit unter den frommen Kö=
nigen in aller Vollkommenheit bestanden und nie ungestraft seien
gebrochen worden. Für die Zeit der Abfassung ist der früheste Ter=
min dadurch firirt, daß das Geschlechtsregister der Davididen noch
über Serubabel herunterführt und der Verfasser nach persischen Da=
reiken rechnet. Die Schreibart aber und der Umstand, daß das Buch
als letztes im Kanon steht, erlauben nicht ein Mal bis zu dieser
Zeit hinaufzugehn, sondern machen wahrscheinlich, daß ein Levit der
jüngsten Periode dies Werk zusammengestellt.

Wenn die alexandrinischen Juden die Chronik fälschlich als zwei
Bücher betrachtet haben, so haben sie dafür gleichfalls mit Unrecht
die Bücher Esra und Nehemia als eine Schrift aufgefaßt. Die bei=
den Schriften sind zum Theil aktenmäßige Berichte über die ersten
Expeditionen nach dem heiligen Lande in Folge des bekannten Man=
dats des Cyrus. Das erste Buch führt diesen Bericht bis zur Erzählung
von Esras Reformversuchen. Das zweite bis zur Reform des Nehe=

mia. Esra 7, 27—9, 15 sind von Esra selbst geschrieben und 1—6 finden sich gleichfalls zwei Urkunden verarbeitet; ebenso rühren Nehemia 1, 1—7, 5 von Nehemia selbst her, auch 7, 6—73 ist eine von ihm eingefügte Zählungsliste; diese Memoiren der beiden persischen Satrapen sind aber von einem Spätern überarbeitet und ergänzt worden und zwar so ganz in der Weise der Chronik, daß man allgemein den Chronisten auch für den Redaktor dieser beiden Schriften ansieht.

Das Buch Esther, das Luther ein gottloses Buch nannte, weil der Name Gottes in demselben auch nicht ein einziges Mal genannt wird, ist gleichfalls ein Nachtrieb dieser spätern Zeit. Die Geschichte von der schönen Jüdin Esther, die vom persischen König Ahasverus zur Gattin erkoren wird und die Intriguen des Judenfeindes Haman zu vereiteln weiß, soll die Bedeutung des Purimfestes erklären, das die Juden von den Persern angenommen hatten. Die Geschichte ist nicht blos romanhaft sondern auch von einer sehr zweifelhaften Moral. Daß die Juden 75000 Perser erwürgt haben sollen und ganz Susa dem Juden Mardochai soll zugejauchzt haben, ist eine Eingebung jüdischer Rachsucht und Selbstüberhebung. Das geringe Interesse, das der Verfasser an Palästina und der Theokratie nimmt, verräth den Diasporajuden und die Bekanntschaft mit persischem Hofbrauch läßt ihn uns in der Diaspora des Ostens suchen. Da er indessen persische Sitte und Geschichte erst erläutern muß, ist offenbar das persische Reich schon untergegangen und wie die Sprache auf eine sehr späte Zeit deutet, so dürfte auch der Schluß nicht zu kühn sein, daß eine so blutdürstige Gesinnung und solche Lust nach Rache nur aus einer Zeit des Druckes und der Thrannei sich erklären läßt. Demgemäß wäre die Schrift in die Zeit der Seleuciden zu setzen, in der ein solcher Druck wirklich vorhanden war. Diese Art von Judenthum, wie sie aus den levitischen Büchern des Chronisten und aus dem Buch Esther spricht, erinnert uns denn freilich sehr stark daran, daß nunmehr die Schriftgelehrten und Pharisäer auf Mosis Stuhle Platz genommen haben und es war Zeit, daß man den Kanon schloß, da der Geist von dem Volke zu weichen anfing.

Der Kanon.

Ein festes Urtheil, welche Schriften hebräischer und chaldäischer Sprache kanonische Geltung haben sollten, kam erst in den Zeiten der rabbinischen Schulgelehrsamkeit auf und noch bis in's dritte Jahrhundert nach Christus herrschte darüber ein gewisses Schwanken. Sammlungen solcher Schriften zum gottesdienstlichen Gebrauch und mit normativem Ansehen waren schon früher entstanden. Die erste war der Pentateuch, über dessen Abschluß zu Josia's Zeiten wir schon geredet haben. Man nannte diese Sammlung schlechthin das Gesetz. Dazu trat eine Sammlung der Propheten, die schon im Exil begonnen worden sein muß. Abgeschlossen war dieselbe längst, als das Buch Daniel geschrieben ward (Dan. 9, 2); vermuthlich war es bald nach dem Erlöschen des prophetischen Instituts geschehen. Zu dieser zweiten Sammlung gehörten die Bücher der Richter, Samuelis und der Könige, als alte Propheten, und die eigentlich prophetischen Schriften mit Ausnahme Daniels.

Erst gegen Ende der persischen Zeit ging man daran, die noch übrigen literarischen Denkmäler zu sammeln und stellte sie in einem dritten Band, der schlechtweg den Namen „Schriften" trug, den beiden früheren zur Seite. Diese Sammlung blieb indessen offen, so daß noch so späte Bücher wie die des Chronisten, Daniel und Esther darin Platz finden konnten. Der berühmte Historiker Josephus, ein jüngerer Zeitgenosse des Apostel Paulus, zählt bereits zwei und zwanzig hebräische Bücher als kanonisch, so daß wir annehmen dürfen, daß sich in seiner Zeit ziemlich allgemein der Kanon festgestellt hatte.

Das historische Verständniß der Bücher, die man sammelte, war freilich bereits verloren gegangen. Man nahm viele Psalmen, das Hohe Lied, das Buch Ruth und ähnliche poetische Schriften nicht auf als literarische Denkmale, sondern in der Ueberzeugung, daß sie prophetische Schriften seien und zu religiösen Zwecken geschrieben. Wenn selbst für das Hohe Lied diese Auffassung möglich war, so gibt uns das eine gewisse Gewähr, daß man doch ziemlich alle Trümmer der alten Literatur unterzubringen wußte. Die Auswahl mochte auch, wie die apokryphen Abfälle beweisen, keineswegs mehr allzu groß sein. Wenn dennoch so treffliche Bücher wie die der Weisheit Salomonis, Jesus Sirach, der Makkabäer und andere Apokryphen nicht in den Kanon aufgenommen wurden, so liegt das wohl daran, daß dieselben theils ursprünglich griechisch, also nicht in der heiligen Sprache, geschrieben, theils zur Zeit der Sammlung nur noch in griechischer Uebersetzung vorhanden waren.

Zu Jesu Zeit hatte der dritte Theil der Sammlung noch nicht seinen Abschluß erhalten. Gesetz und Propheten waren noch in höherem Sinn Gottes Wort als die „Schriften". Wie geläufig aber dem Juden seiner Zeit namentlich die prophetische Literatur war, dafür zeugen alle neutestamentlichen Bücher. Gerade diese prophetischen Schriften aber trugen vor Allem die Signatur des ganzen heiligen Buchs, das innerlich seinen rechten Abschluß noch immer nicht gefunden hatte. Es wies hinaus auf ein Weiteres, was die Zukunft bringen solle. Zieht doch durch die meisten seiner Schriften die eine messianische Hoffnung, die zum letzten Mal das Buch Daniel ausgesprochen hatte. Hatte die erste Sammlung einen Propheten wie

Mose, die zweite einen König wie David verheißen, so stellte die dritte den Menschensohn in Aussicht, der auf den Wolken des Himmels kommen sollte, sein Volk zu erlösen. In der gleichen Zeit, in der man das Buch der Verheißungen abschloß, sollten nun aber die Tage der Erfüllung anbrechen.